Karl-Friedrich Schmidt

Käse · Butter · Joghurt

Karl-Friedrich Schmidt

Käse
Butter · Joghurt

leicht selbstgemacht

2., neubearbeitete Auflage

Mit 16 Abbildungen, davon 8 farbig

Parey Buchverlag Berlin 1996

Parey Buchverlag im
Blackwell Wissenschafts-Verlag
Kurfürstendamm 57, D – 10707 Berlin

Die Deutsche Bibliothek – CIP-Einheitsaufnahme
Schmidt, Karl-Friedrich:
Käse – Butter – Joghurt leicht selbstgemacht / Karl-Friedrich
Schmidt. - 2., überarb. Aufl. - Berlin : Parey, 1996
ISBN 3-8263-8439-3

Einbandgestaltung: Rudolf Hübler, Berlin, unter Verwendung einer Abbildung aus dem Fotostudio Lammel & Tschernawin, Berlin
Satz und Repro: SATZFABRIK 1035, Berlin
Druck und Bindung: Druckerei Jütte, Leipzig

Gedruckt auf chlorfrei gebleichtem Papier

Printed in Germany ISBN 3-8263-8439-3

Vorwort

Aufgrund einer stark gestiegenen Nachfrage nach diesem Ratgeber war es, wie auch schon bei meinen anderen beiden Büchern notwendig, eine zweite Auflage vorzubereiten. Die nun vorliegende Auflage wurde völlig überarbeitet und durch neue Rezepte, Hinweise und Tips ergänzt.

Ziel auch dieser neuen Auflage ist es, allen Käse-, Butter- und Joghurtliebhabern zu zeigen, wie sie einfach, schnell und problemlos edle Hausmacherspezialitäten, köstliche Butter und wohlschmeckenden Joghurt herstellen können. Neben der Freude, die diese Freizeitbeschäftigung bringt, sind für ökonomisch denkende Zeitgenossen gewiß auch die Einsparmöglichkeiten von Interesse, denn es können bei selbstgemachten Produkten doch bis zu 50% der Kosten für Fertigprodukte gespart werden. Nicht zuletzt, und dies ist meines Erachtens das Entscheidende, sind in hauseigenen Käseprodukten keine chemischen Konservierungsstoffe enthalten. Der Verbraucher ist somit nicht darauf angewiesen, mit Zusatzstoffen hergestellte Produkte zu konsumieren. Selbstgebackenes Brot, eigenerzeugte Marmelade, handgemachte Spätzle, selbstgeräucherter Schinken oder Fische und hausgemachte Wurst sind der Stolz vieler Hobbyköche und Hausfrauen, warum also nicht auch wieder „käsen“ und „buttern“?

Diese Anleitung ist wie auch die erfolgreichen Ratgeber zu den Themen „Schinken räuchern“ und „Wurst aus eigener Küche“ praxisnah und leicht verständlich geschrieben. Jeder interessierte Laie wird in die Lage versetzt, auf einfache Art und Weise Käse, Butter und Joghurt in seinem Haushalt herstellen zu können. Alle Techniken und Rezepte hat der Verfasser ausprobiert. Trotzdem kann seitens des Autors keine Garantie für das sichere Gelingen eines jeden Rezeptes übernommen werden, da zu viele Faktoren wie z.B. Milchqualität, Hygiene bei der Arbeit, richtige Temperaturverhältnisse usw. nicht immer beeinflußbar sind.

Entscheidend ist, daß für den „Selbermacher“ die drei bisher schwierigsten Probleme in diesem Ratgeber angesprochen werden. Erstens kann der Hobby-Käser für alle Rezepte neben der Rohmilch ab Hof auch jede pasteurisierte Frischmilch verwenden, zweitens werden Käserezepte für haushaltsübliche Mengen, die die Verarbeitung von nur wenigen Litern Milch erfordert, vorgestellt. Schließlich erhält der Leser auch Hinweise, woher er die nötigen Utensilien für die häusliche Käse-, Butter- und Joghurt-Bereitung beziehen kann.

Eines ist jetzt schon sicher, wenn Sie den ersten selbstgemachten Käse, die selbstgestampfte Butter und den Hausmacher-Joghurt genießen, werden Sie dieses köstliche Hobby nicht wieder aufgeben.

Calw-Altburg, August 1996
Karl-Friedrich Schmidt

Inhalt

Hier geht's um Käseköstlichkeiten

Warum Käse selbermachen?

Weil man dann mit Vertrauen genießen kann und weiß, was im Käse drin, was dran und drauf ist. Bei vielen industriell hergestellten Käsen weiß man das heute nicht mehr so genau.
Nach deutschem und europ. Lebensmittelrecht sind u.a. folgende Zusatzstoffe zugelassen:

E 509 Calciumchlorid: tiefgekühlte und lange kalt gelagerte Milch läßt sich schlechter verkäsen als frische Milch, die Ausbeute wird schlechter. Dem darf und wird durch Zusatz von Calciumchlorid (aus der Chlorchemie) abgeholfen.

E 251 Natriumnitrat (Salpeter) und E 252 Kaliumnitrat: diese helfen gegen die Spätblähung beim Käse, die bei Fütterung der Kühe mit schlechtem Silofutter auftritt.

E 1105 Lysozym: wirkt noch besser gegen diesen Fehler, es wird mittels industrieller, biochemischer Verfahren hergestellt.

E 304 6-Palmitoyl-L-Ascorbinsäure (L-Ascorbylpalmitat): wird zur Herstellung von Carotin-Emulsion verwendet, die manchem Käse die schöne gelbe Farbe geben. In Tierversuchen wurde bei Aufnahme dieser Substanz die Bildung von Blasensteinen beobachtet, vom zuständigen Ausschuß wurde dies als „nicht relevant" beurteilt.

E 235 Natamycin, auch Pimaricin: ein bewährtes und gut verträgliches Antibiotikum gegen Mundfäule, Geschlechtskrankheiten und Fußpilz. Soll in der EU auch für getrocknete Würste zugelassen werden.
Sein Einsatz in der Lebensmittelindustrie läßt eine allmähliche Resistenzentwicklung bei Krankheitskeimen befürchten und damit die zunehmende Wirkungslosigkeit.
Natamycin verhindert das Schimmeln der Käse bei der Reifung und im Verkauf. Es ist viel wirksamer als der früher zugelassene und verwendete Konservierungsstoff Sorbinsäure.

Nach Auskunft des Bundesgesundheitsamtes sind alle diese Chemikalien geprüft und für die menschliche Ernährung unbedenklich. Tatsache bleibt, daß zahlreiche Substanzen, die vor einiger Zeit noch als unbedenklich eingestuft wurden, mittlerweile aus dem Verkehr gezogen worden sind.
Über das Antibiotikum Natamycin (s.o.) wurde dort in letzter Zeit etwas diskutiert, weil es aber angeblich für die Käseherstellung unverzichtbar ist, ist die Diskussion darüber wieder eingeschlafen.
Manche Zusatzstoffe können auch bei empfindlichen Personen Allergien auslösen oder aber bestimmte Nebenwirkungen hervorrufen. Bei vielen Zusatzstoffen heißt es zwar: „Nach dem momentanen Stand der Wissenschaft nicht schädlich." Was aber, wenn die

Wissenschaft in vielleicht 10 Jahren neue Erkenntnisse gewonnen hat?
Darüber hinaus wird im europäischen Ausland teilweise Labenzym (Chymosin) verwendet, das von gentechnisch veränderten Bakterien erzeugt wurde. Die Käseherstellung mit Lab, das durch Genmanipulation von Bakterien erzeugt wurde, ist in Deutschland im Moment noch verboten, solche Käse dürfen jedoch eingeführt und verkauft werden, wobei sie, bis dato, nicht der Deklarationspflicht unterworfen sind.
In den Nachbarländern wie z.B. der Schweiz, den Niederlanden und Dänemark wird bereits ein hoher Prozentsatz an Käse mit „Genlab“ produziert. Geschieht das alles im Sinne des Verbrauchers? Durch die Bakterien wird jedoch nicht nur das Labenzym Chymosin produziert, sondern noch mehr oder weniger Stoffwechselprodukte des bakteriellen Organismus. Doch welchen Einfluß, welche Wirkungsweise haben solche Stoffe auf den menschl. Organismus? Hierüber liegen noch so gut wie keine wissenschaftlichen Erkenntnisse vor. Der sich bewußt ernährende Zeitgenosse wird sich daher nicht ohne weiteres von der Industrie manipulieren lassen und sich durch Selbsterzeugnis von Lebensmitteln immer stärker wehren – hoffentlich!
Schließlich birgt das Herstellen des eigenen Käse viel Freude und Spaß, an dem auch alle übrigen Familienmitglieder und Freunde partizipieren.

So sehr lohnt sich das Selberkäsen

Mancher Leser unter den Käsefreunden wird sich vielleicht fragen: Lohnt sich das Selberkäsen für den Privathaushalt eigentlich, oder ist das nicht eindeutig die teurere Alternative? Hier die Antwort: Wenn man Käse kauft, muß im Geschäft durchschnittlich gut und gern DM 2,– pro 100 Gramm ausgegeben werden. Diesen Betrag habe ich bei meinen Recherchen ermittelt. Wird der Käse jedoch selbst gemacht, so kosten 100 Gramm nur ca. DM 1,–. Dies ist eine Einsparung von 50 Prozent.
Und das geht so: Wenn man z.B. von einer zu verkäsenden haushaltsüblichen Kleinmenge von 4 Litern Frischmilch ausgeht, so kostet diese ab Hof oder die ebenfalls gut geeignete pasteurisierte frische Vollmilch im Geschäft knapp DM 6,–. Daneben ist noch Lab im Wert von ca. DM 1,30 nötig.
Aus diesen 4 Litern Milch erhält man ca. 700 Gramm Käse in einem Wert von ca. DM 14,–. Jetzt ist noch zu bedenken, daß noch ca. 3 Liter hochwertige Naturmolke anfallen, die, im Reformhaus gekauft, nochmals ca. DM 3,– pro Liter, also DM 9,– kosten würden. DM 7,– betrug der Kapitaleinsatz für Milch und Lab, und ca. DM 23,– beträgt der Wert der aus 4 Litern Milch gewonnenen Milchprodukte. Selbst wenn die Molke als Restprodukt beim Käsemachen nicht verwendet wird, so kostet der selbstgemachte Käse immer noch nur die Hälfte. Die Freude am gelungenen selbsterzeugten Käse ohne Konservierungsstoffe gibt es gratis dazu. Sie ist sozusagen der ideelle Gegenwert für die investierte Zeit.

Geschichten um den Käse

Kein Käse ohne Milch. Wenn wir die Entstehungsgeschichte der Milch von den Anfängen her verfolgen möchten, so müßten wir uns den ersten milchliefernden Säugetieren, den Trityledonen, zuwenden. Es waren eidechsenähnliche Wesen, die vor ca. 200 Millionen Jahren auf der Erde hausten. Wir verzichten jedoch auf entwicklungsgeschichtliche Vollständigkeit, überspringen ganz einfach einige Jahrmillionen und finden uns in der Jungsteinzeit wieder und – wie uns die Wissenschaftler versichern – auch das Produkt, um das sich in diesem Buch alles dreht – den ersten Käse! Die Jäger und Sammler dieser Epoche hatten schon vor rund 10 000 Jahren erkannt, daß es viel bequemer ist, Vieh zu halten, als es zu jagen und sich dabei auf die Launen Dianas verlassen zu müssen. Sie gingen daran, den Auerochsen zu zähmen. Er ist quasi der Stammvater des Urgroßvaters unserer heutigen Milchviehrassen. Sie wurden für ihre Arbeit mit einem köstlichen Geschenk – der frischen Milch – belohnt. Fortan lebten die Menschen mit ihren Haustieren und mit deren weißem Saft.

Hier beginnt also die Geschichte des Käses, der Butter und des Joghurts. Irgendwann muß jemand beobachtet haben, wie Milch, als sie einmal länger stehen blieb, dick wurde, angenehm säuerlich schmeckte und daß sie sich in eine feste Masse und eine dünne gelbliche Flüssigkeit trennte. Diese festere Masse war im Grunde der erste Frischkäse, die gelbliche Flüssigkeit die Molke. Man kann also ruhig behaupten, daß uralte Erfahrungen der ersten Viehzüchter im Umgang mit der Milch zum Käse führten.

Die ersten gesicherten Beweise für das Vorhandensein einer florierenden Milch- und Käsewirtschaft gaben die Sumerer, die vor ungefähr 5000 Jahren im Zweistromland zwischen Euphrat und Tigris lebten. Archäologische Funde der Stadt Ur, der Heimat von Abraham, brachten tönerne Reliefbilder zum Vorschein, die Einzelheiten der sumerischen Milchverarbeitung zeigen.

Aber nicht nur im Lande der Bibel (...wo Milch und Honig fließt!) genossen das Rind und seine Produkte hohes Ansehen. Auch im Lande der Pharaonen gehörte Käse schon zum Reiseproviant der Herrscher. Das lateinische Wort für Geld, „pecunia", bedeutete ursprünglich Vieh und stammte aus einer Zeit, in der dieses das Zahlungsmittel schlechthin war.

Ähnliches ist auch aus dem schwarzen Kontinent bekannt, wo in alten Papyrusurkunden (aus dem Jahre 500 n. Chr.) Käse als Pachtzins für Land genannt wird. Dies zeigt, welch wichtige Rolle der Käse im täglichen Leben spielte.

Auch die Römer waren sehr stolz auf ihren Käse. Sie kannten viele Sorten und Rezepturen. Man bereitete ihn z.B. mit Wein und Honig zu, räucherte ihn und gewann auf diese Weise Proviant für lange Eroberungzüge. In römischen Häusern war es üblich, eine eigene „Käse-Küche" und einen speziellen Lagerraum für Käse zu haben. Zum Käsen nahm man Kräuter und andere Pflanzen und kannte sogar schon das „Lab", ein Enzym, welches das Milcheiweiß Kasein gerinnen läßt. Dieses Lab ist bis heute für alle „Süßmilchkäse" unentbehrlich.

Schon damals schrieben sich die Völker den Ruhm bedeutender „Erfindungen" (wie die des Käses) gern selbst zu. Die Griechen beispielsweise Aristatios, einem Sohn des Götterlieblings Apoll. Der Wahrheit zuliebe und um unserem Patriotismus gerecht zu werden, muß gesagt werden, daß wir die Kunst des Käsemachens weder den Griechen noch den Römern verdanken.

Schließlich waren auch unsere Vorfahren erfolgreiche Viehzüchter. Alten Quellen zufolge trieben keltische Händler bereits einen schwunghaften Handel mit Käse und waren u.a. Hoflieferanten für die kaiserliche Tafel in Rom.

Käsegroßverbraucher im Mittelalter waren vorzugsweise die Klöster. Nicht umsonst genossen Äbte und Mönche den Ruf verwöhnter Feinschmecker.

Heute kennt man ungefähr 4000 Käsesorten auf der Welt. Allen ist gemeinsam, daß sie aus Milch, dem wertvollen Saft der Nutztiere, hergestellt werden. Zweifelsohne spielt hierbei die Herstellung von Käse, Butter und Joghurt aus Kuhmilch die Hauptrolle. Die Tierzucht hat Kühe hervorgebracht, die heute 10mal mehr Milch geben als vor 5000 Jahren. So liefert eine Milchkuh jährlich rund 4000 bis 5000 Liter, vom steinzeitlichen Wild- und Auerrind konnte man nur 400 bis 600 Liter gewinnen.

So viele Käsesorten es auch gibt, so unterschiedlich ist ihr Geschmack. Er ist abhängig von vielerlei Faktoren, wie z.B. Milchart, Klima, Boden, Pflanzenbewuchs, Käsereitechnologie, Reifezeit und Temperatur während der Reifung. Viele edle Käsesorten entstehen nach alten, überlieferten „Geheimrezepturen", die noch besser als Ziegen oder Schafe gehütet werden.

Ein Bundesbürger verzehrt heute im Durchschnitt pro Jahr ca. 20 kg Käse, vor 50 Jahren waren es noch 2 kg. Damals gab es bei uns nur rund 10 Käsesorten, heute kann der umworbene Verbraucher allein unter mehreren hundert Sorten wählen. Und künftig kommen noch einige Käsesorten aus eigener Herstellung dazu. Sind das nicht käsige Aussichten?

Was ist eigentlich Käse?

Das Wort Käse stammt von dem lateinischen „caseus" ab. Im Englischen heißt Käse „cheese", auf holländisch „kaas". Das französische „fromage" und das italienische „formaggio" stammen von dem lateinischen Begriff „coagulium formatum" ab, das soviel wie „geformtes Gerinnsel" heißt.

Käse ist, einfach ausgedrückt, das frische oder gereifte Produkt aus dickgelegter oder geronnener Milch nach Ablauf der flüssigen Molke. Man kann also sagen, daß Käse das Konzentrat der wichtigsten Nährstoffe der Milch, besonders des Eiweißes ist. Die Herstellung von Käse beruht im Prinzip auf einem Vorgang, den sicher jeder schon einmal beobachtet hat: Wenn Milch sauer wird und gerinnt, also dick wird, scheidet sich die feste Käsemasse (Bruch) von der dünnflüssigen Molke (Käsewasser). So einfach das auch aussehen mag – die Käseherstellung in den Käsereien ist natürlich komplizierter und verlangt bei jeder Sorte spezielle Erfahrungen. Es gibt heute weltweit ungefähr 50 verschiedene Grundverfahren, aus denen wiederum durch Abwandlung ca. 4000 Käsesorten entstehen.

Käse war immer und ist auch heute ein hervorragendes Nahrungs- und Genußmittel, das jeder echte Gourmet zu schätzen weiß. Alles, was der Milch ihren Wert verleiht, ist auch im Käse enthalten und sogar in einer veredelten Form, da die Inhaltsstoffe des Käses durch die Gerinnung des Eiweißes und durch die Reifung biochemisch positiv verändert werden.

Außer biologisch hochwertigem Eiweiß enthält der Käse noch verschiedene Mineralstoffe, insbesondere Calcium- und Phosphorverbindungen, sowie viele Vitamine (A, B, D, E). Halt, werden Sie so langsam denken und dabei die „schlanke Linie" im Auge haben – kein Sterbenswörtchen übers Fett? Gemach, gemach, es wird sofort hineingetreten ins Fettnäpfchen: Käse gibt es mit sehr unterschiedlichen Fettgehalten – von der Magerstufe mit weit unter 10% Fett bis hin zur Doppelrahmstufe mit bis zu 65% Fett in der Trockenmasse des Käses. Jeder Käsefreund hat also die Möglichkeit, so fett oder so mager zu essen, wie er möchte. Interessant ist noch, daß Käse ein Nahrungsmittel ist, bei dem klipp und klar ausgewiesen werden muß, wieviel Fett es enthält.

Auf jeder Käseverpackung steht: Fett i.Tr., was ganz einfach bedeutet „Fett in der Trockenmasse“. Käse besteht nämlich, je nach Sorte, zu einem gut Teil aus Wasser. Die Fettangabe in Prozent, z.B. 30% Fett i.Tr., bezieht sich aber immer nur auf die Trockenmasse des Käses. Dies ist so geregelt, weil der Käse von der Herstellung bis zum Verzehr unterschiedlich lange reift und gelagert wird und dabei unterschiedlich viel Wasser verliert und zum Zeitpunkt des Verkaufs einen niedrigeren Wassergehalt hat als unmittelbar nach der Herstellung. Da der Trockenmassegehalt im Gegensatz zum Wassergehalt aber konstant bleibt, wird die Fettgehaltsangabe auf diesen fixen Wert bezogen. Leider weiß aber auch dann der „normale Käseverbraucher“ in den meisten Fällen trotzdem nicht, wieviel Gramm Fett nun tatsächlich in dem gekauften Käse versteckt sind, da der Trockenmassegehalt nicht angegeben ist. Allgemein kann man sagen, daß man mit dem Käse viel weniger Fett zu sich nimmt, als gemeinhin angenommen wird.
Hier ein Beispiel: 100 Gramm Edamer, der rund zur Hälfte aus Trockenmasse besteht, enthält bei einem Fettgehalt von 30% nur knapp 15 Gramm Fett.
Ganz ohne Fett geht es nun einmal nicht, weder aus ernährungsphysiologischen noch aus geschmacklichen Gründen. Hinzu kommt, daß das im Käse enthaltene Milchfett infolge seiner überaus feinen Verteilung sehr leicht verdaulich ist. Dieser kleine Ausflug in die Ernährungsphysiologie soll nicht ohne den Hinweis auf eine alte „Volksweisheit“ abgeschlossen werden, die da lautet: „Käse macht klug“. Diese Aussage hält durchaus einer wissenschaftlichen Untersuchung stand.

Fettgehalt in der Trockenmasse

Doppelrahmstufe	höchstens 85% mindestens 60%
Rahmstufe	mindestens 50%
Vollfettstufe	mindestens 45%
Fettstufe	mindestens 40%
Dreiviertelfettstufe	mindestens 30%
Halbfettstufe	mindestens 20%
Viertelfettstufe	mindestens 10%
Magerstufe	weniger als 10%

Wie werden die Käse eingeteilt?

Um in das vielfältige in- und ausländische Käseangebot Ordnung zu bringen, hat der Gesetzgeber die „Käseverordnung“ erlassen. In dieser ist festgelegt, welche Käsesarten

Käsegruppe	Wassergehalt in der fettfreien Käsemasse
Hartkäse	56% oder weniger
Schnittkäse	mehr als 45% bis 63%
Halbfester Schnittkäse	mehr als 61% bis 69%
Sauermilchkäse	mehr als 60% bis 73%
Weichkäse	mehr als 67% bis 76%
Frischkäse	mehr als 73% bis 87%

und Käsegruppen in der Bundesrepublik Deutschland angeboten werden dürfen.
Dieser Käseverordnung liegen zwei Kriterien zugrunde, die eine systematischen Einteilung möglich machen, zum einen in Käsegruppen, zum anderen in Fettgehaltstufen. Für die Zuordnung eines Käses zu einer Käsegruppe ist der Wassergehalt in der fettfreien Käsemasse maßgebend, für die Zuordnung zu einer Fettgehaltsstufe ist es der Fettgehalt in der Trockenmasse (Fett i.Tr.). Käse setzt sich, seinem Ausgangsrohstoff Milch entsprechend, aus Fett, Eiweiß, Milchzucker, Mineralstoffen, Vitaminen und Wasser zusammen, wobei die verschiedenen Bestandteile je nach Käsesorte in unterschiedlichen Mengen vorkommen. Alle Bestandteile zusammengenommen bezeichnen wir als Käsemasse. Zieht man davon das Wasser ab, erhält man die Trockenmasse, die sich wiederum in Fett und fettfreie Trockenmasser zerlegen läßt. Der Fettgehalt in der Trockenmasse bestimmt die Zuordnung in eine Fettgehaltsstufe.

Käsearten

Schmelzkäse-zubereitung	Schmelz-käse	Käse	Käse-zubereitung	Molken-käse

6 Käsegruppen

Hart-käse	Schnitt-käse	Halbfester Schnittkäse	Weich-käse	Frisch-käse	Sauer-milchkäse

Die Milch, aus der der Käse ist

Ein Schlückchen Milch- und Warenkunde – leicht verdaulich

Warum ist Milch so gesund? Sie ist reich an Vitaminen, Mineralstoffen und Spurenelementen. Ein besonderes Kohlenhydrat, der Milchzucker, trägt ausdrücklich ihren Namen. Wertvoll sind ferner Proteine und Fette.

Milcheiweiß

Das Kuheuter ist die preiswerteste Quelle für tierisches Eiweiß. Schon ein halber Liter Vollmilch versorgt den Menschen mit fast allen essentiellen Aminosäuren. Darin ist sie sogar dem Fleisch überlegen. Ein weiterer Vorteil: Milcheiweiß enthält weniger Purine als Fleisch – Stoffe, die die Entstehung von Gicht begünstigen. Milcheiweiß ist zudem leicht verdaulich, stärkt im Darm die Widerstandsfähigkeit gegen Infektionen und beugt einer Übersäuerung des Magens vor.

Milchzucker (Lactose)

Milchzucker wird von den Bakterien des Darms in Milchsäure umgewandelt. Diese unterdrückt das Wachstum der Fäulnisbakterien und verbessert die Aufnahme von einigen Mineralstoffen und Spurenelementen, darunter Magnesium, Kalzium und Phosphor.

Milchfett

Milchfett setzt sich aus mehr als 200 interessanten Fettsäuren zusammen – ein Spektrum, das sonst in keinem anderen Lebensmittel zu finden ist und dessen weitere Erforschung noch für Überraschungen sorgen könnte.
Da Milchfett leichter verdaulich ist als alle anderen Fette, ist Butter bei Erkrankungen des Magen- und Darmtraktes, der Niere, der Galle und bei Fettverdauungsstörungen nicht verboten, sondern auf Diätplänen sogar erwünscht.
Mit essentiellen Fettsäuren kann Milchfett allerdings keinen Staat machen. Ein weiterer Mangel schlägt dagegen positiv zu Buche: Verglichen mit anderen Lebensmitteln tierischer Herkunft ist in Milchfett weniger Cholesterin.

Mineralstoffe

Milch liefert in ausgewogenem Verhältnis Kalzium und Phosphor, beide wichtig für den Aufbau von Knochensubstanz und für zahlreiche Stoffwechselvorgänge.
Während die Bundesbürger mit Phosphor eher reichlich versorgt sind, ist die Kalzium-Aufnahme an seiner kritischen Untergrenze angelangt – laut Ernährungsbericht eine Folge des niedrigen Milchverbrauchs. Denn für Kalzium ist Milch der wichtigste Lieferant.

Vitamine

Auch Vitamin B_2 kommt in unserer Ernährung normalerweise zu kurz. Milch schafft da Abhilfe. Vitamin B_{12}, das sich vor allem in Lebensmitteln tierischer Herkunft findet, können Vegetarier aus Milch und Milchprodukten beziehen.
An das Milchfett ist überdies reichlich Vitamin A gekoppelt.
Milch ist also wertvoll. Doch Milch ist nicht gleich Milch.
Hier in Stichworten, was der Verbraucher wissen muß:

Rohmilch:
Unbehandelte Milch ab Hof.

Vorzugsmilch:
Unbehandelte Rohmilch im Handel, die direkt am Bauernhof abgefüllt wird; die Höfe haben strenge Hygiene-Auflagen zu erfüllen. Die Milch hält drei bis vier Tage.

Pasteurisierte Milch:
Milch, die in der Regel kurzzeitig auf 71 bis 74 °C erhitzt wird; ist fünf bis sechs Tage haltbar.

Ultrahocherhitzte Milch (H-Milch):
Wurde für wenige Sekunden auf Temperaturen zwischen 135 und 150 °C erhitzt; ist ungekühlt und ungeöffnet mindestens sechs Wochen haltbar.

Sterilisierte Milch:
Wird 10 – 30 Minuten bei 110 – 140 °C gekocht; ist ungeöffnet ein halbes Jahr bis ein Jahr haltbar.

Kondensmilch:
Im Unterdruck eingedickte und anschließend sterilisierte Milch; ein Jahr haltbar, enthält Phosphate und andere Zusatzstoffe, um das Nachdicken zu verhindern.

Trockenmilch:
Pulverförmige Milchkonserve; verliert bei der Trocknung Vitamine, vor allem Vitamin C; je nach Herstellungsverfahren sechs Monate bis drei Jahre haltbar.

Vollmilch:
Enthält 3,5% Fett.

Fettarme Milch:
Hat einen Fettgehalt von 1,5 – 1,8%.

Magermilch:
0,3% Fettgehalt; mit dem Fett wird auch Vitamin A entzogen; sinnvoll nur bei speziellen Diäten.

Homogenisierte Milch:
Milch wird mit großem Druck durch Düsen gepreßt, um die Fettkügelchen fein zu verteilen; sie rahmt dann nicht mehr auf und soll cremiger schmecken; ernährungsphysiologisch betrachtet ist diese Prozedur überflüssig, wird aber bei nahezu allen handelsüblichen Milchsorten angewendet. Daß homogenisierte Trinkmilch für den Menschen schädlich sei, wie neuerdings aus Amerika zu hören, ist nicht nachweisbar. Bewiesen aber ist, daß die Verarbeitung der Milch schadet. Erhitzen zerstört empfindliche Vitamine der B-Gruppe und Vitamin C. Beim Pasteurisieren liegen die Verluste zwischen fünf und 15%; beim Ultrahocherhitzen (H-Milch) zwischen zehn und 20%. Abkochen der Rohmilch führt zu noch höheren Vitamin-Einbußen.
Durch die Wärmebehandlung in der Molkerei wird ferner die chemische Struktur des Milcheiweißes verändert (denaturiert). Deshalb haben H-Milch und Sterilmilch einen unangenehmen Kochgeschmack. Der ernährungsphysiologische Wert des Eiweißes wird nach heutigen wissenschaftlichen Erkenntnissen weder beim Pasteurisieren

Fazit:
Unbehandelte Roh- und Vorzugsmilch enthalten die meisten Nährstoffe. Und sie schmecken auch am besten. Leider ist Vorzugsmilch teuer, und welcher Stadtmensch hat schon die Möglichkeit, sich direkt beim Bauern zu versorgen?
Pasteurisierte Milch ist ein akzeptabler Kompromiß zwischen Haltbarkeit, ernährungsphysiologischem Gehalt und Geschmack. Dagegen nützt der hohe H-Milch-Konsum vor allem den Herstellern: Ultrahocherhitzte Milch ist einfach zu lagern und stellt geringe Anforderungen an Kühlung und Transport.

noch beim Ultrahocherhitzen in Mitleidenschaft gezogen. Anders bei der sterilisierten Milch: Das Eiweiß büßt an Wert ein; die Vitaminverluste sind erheblich.

Welche Milch eignet sich zum Käsemachen?

Von den vielen angebotenen Milchsorten eignen sich für die Käserei nicht alle gleich gut. Ideal wäre es, wenn man von einem Landwirt frische und hygienisch gewonnene Rohmilch beziehen könnte. Heute wird in den modernen Milcherzeugungsbetrieben eine hervorragende Milch mit Hilfe von Melkmaschinen gewonnen, in geschlossene Rohrleitungssysteme geleitet und sofort ausreichend gekühlt. Diese Rohmilch kostet ab Hof ungefähr 1,20 DM pro Liter.
Genau wie die Rohmilch ist auch die im vorigen Abschnitt besprochene Vorzugsmilch zur Käseherstellung geeignet. Sie hat aber den Nachteil, daß sie fast das Doppelte kostet, also einfach zu teuer ist.
Beide Milchsorten sind nicht erhitzt, nicht homogenisiert, haben den natürlichen Fett- und Vitamingehalt und eine gesunde natürliche biologische Struktur.
Falls man Rohmilch ab Hof verwendet, sollte unbedingt darauf geachtet werden, daß die Kühe nicht mit Silage gefüttert wurden. Diese Milch ist für die häusliche Käsebereitung **nicht** geeignet, da neben Geschmacksbeeinträchtigungen durch Buttersäurebakterien auch Infektionen der Milch hervorgerufen werden können. Dies führt häufig zu Fehlfabrikaten.
Wenn diese „Silage-Rohmilch" allerdings zuhause unmittelbar vor dem Verkäsen in einem Topf unter ständigem Rühren auf 70 °C erhitzt wird, dann auf normale Verarbeitungstemperatur von z.B. 33 °C heruntergekühlt wird, ist das Problem gelöst.
Viele „Hobbykäser" werden aus den verschiedensten Gründen erhebliche Schwierigkeiten haben, Rohmilch direkt vom Erzeuger zu bekommen. Keine Angst – auch Ihnen kann geholfen werden. Sie können ohne weiteres die im Handel befindliche pasteurisierte frische Vollmilch (3,5% Fett) verwenden und gute Erfolge erzielen. Ich selbst arbeite mit dieser Milch seit Jahren. Pasteurisierte Milch ist immer einem schonenden Erhitzungsverfahren unterzogen worden. Sie ist im Kühlschrank gekühlt ungefähr eine Woche haltbar. Diese Milch hat den Vorteil, daß sie einwandfrei sauber ist und garantiert keine schädlichen Bakterien enthält, die den Käse verderben können. Die Milch darf jedoch beim Verkäsen nie zu alt sein. Bei nicht pasteurisierter Rohmilch vom Bauern kann es in bestimmten Fällen (mangelnde Hygiene) einmal vorkommen, daß es zu einem Fehlfabrikat kommt.
Zur Not könnte auch aus einer H-Vollmilch Käse gemacht werden, wovon ich allerdings

abraten möchte. H-Milch ist ja, wie an anderer Stelle bereits erwähnt, ultrahocherhitzt. Sie ist steril und schmeckt auch etwas verändert. Einen noch stärkeren „Kochgeschmack“ weist die sterilisierte Milch auf. Im Geschmack veränderte Milch ergibt auch einen im Geschmack abweichenden Käse. H-Milch und sterilisierte Milch also möglichst nicht verwenden.
Die pasteurisierte frische Vollmilch enthält noch Bakterien, weshalb sie auch nur ungefähr eine Woche haltbar ist. Die zur Käsebereitung nötigen Milchsäurebakterien sind allerdings nicht enthalten. Beim Käsemachen muß man gerade dieser Milch Milchsäurebakterien in Form von Sauermilch, Buttermilch oder Joghurt zufügen.
Geschmack und Vitamingehalt sind noch weitestgehend erhalten. Die Verwendung pasteurisierter frischer Vollmilch ist also meines Erachtens eine echte Alternative für alle, die keine frische Rohmilch verwenden können oder möchten.
Einen gewissen Nachteil, der sich aber nur bei länger reifenden Hartkäsen auswirken kann, hat jedoch diese Milch: sie ist nämlich homogenisiert, das heißt, daß das Milchfett in winzig kleine Kügelchen gleichmäßig verteilt in der Milch vorliegt und sie nicht mehr aufrahmen kann. Interessant zu wissen ist, daß die Homogenisierung ein physikalischer Prozeß ist, bei dem die Milch bei sehr hohem Druck durch entsprechende Rohrleitungssysteme gedrückt wird. Hierbei werden die Fettbestandteile feinst zerstäubt. Zwangsläufig werden aber auch die Hüllen um die Fettkügelchen, sozusagen ihre natürliche Verpackung, mit zerstört. Das jetzt ungeschützte Fett kann nun leichter durch bakterieneigene Enzyme, Licht und Sauerstoff in seine Bestandteile (Glycerin und Fettsäurereste) gespalten werden. Bei Käsen, die länger reifen müssen, kommt es deshalb bei Verwendung der homogenisierten Milch leichter zu einem ranzigen Geschmack. Dieses Problem ist aber dadurch zu lösen, indem man die Schnitt- und Hartkäse nicht allzu lange reifen läßt. Viele begeisterte „Käser“ werden häufig sowieso nicht abwarten können, bis der Käse richtig ausgereift ist.
Bei Frisch- und Weichkäsen spielt dieses Problem nach meinen Erfahrungen überhaupt keine Rolle, da Frischkäse (Quark) nicht und Weichkäse nur relativ kurze Zeit (1 – 2 Wochen) reift.
Es ist natürlich auch möglich, einen fettärmeren Käse herzustellen. Hierzu kann die im Handel befindliche pasteurisierte Frischmilch mit einem Fettgehalt von 1,5% verwendet werden. Käse aus solcher Milch ist von seiner Konsistenz her wesentlich fester, weniger wohlschmeckend, und die Ausbeute ist aufgrund des geringen Fettgehaltes weniger hoch. Wer allerdings fettarm leben möchte oder muß, sollte es einmal mit solchen Käsen probieren.
Schließlich sei noch angemerkt, daß Käse, aus der Milch ab Hof hergestellt, fester ist als solcher, der aus pasteurisierter und homogenisierter aus dem Geschäft gemacht wird.

Wie ist die Milch vor dem Verkäsen zu behandeln?

Milch ist luft-, wärme- und lichtempfindlich und gehört zu den am leichtesten verderblichen Lebensmitteln überhaupt. Deshalb gelten sowohl für die Rohmilch ab Hof als auch für die pasteurisierte Frischmilch aus dem Geschäft folgende allgemeinen Hinweise:

- *nicht unnötig lange offen stehenlassen,*
- *vor Wärmeeinfluß schützen,*
- *nicht unnötig dem Tageslicht aussetzen.*

Besonders nachteilig für die Milch ist die Einwirkung von Licht. Die UV-Strahlen mindern nicht nur die Nährstoffe, insbesondere die Vitamine, sondern beeinflussen auch den Geschmack. Fachleute sprechen deshalb vom „Lichtgeschmack“.
Und noch ein wichtiger Punkt. Milch nimmt, genau wie Käse, leicht Fremdgerüche an. Sie darf daher nicht neben stark riechenden Lebensmitteln in unverschlossenen Behältnissen aufbewahrt werden.
Wenn man unbehandelte Rohmilch ab Hof verkäsen will, darf die „Kühlkette“ nicht zu lange unterbrochen werden. Es ist also unbedingt darauf zu achten, daß man ab Hof nur gut gekühlte Milch erhält. Man kann jedoch auch, wie viele Milchkunden es auch wünschen, melkwarme Milch bekommen. Dann kommt es aber darauf an, daß man sie auf schnellstem Wege in den häuslichen Kühlschrank befördert. Daß die Transportgefäße und der Kühlschrank peinlich sauber sein müssen, versteht sich von selbst.
Wenn Rohmilch ab Hof verkäst wird, wäre es eigentlich ideal, wenn die zu verkäsende Milchmenge zu gleichen Teilen aus der Abend- und Morgenmilch besteht. Bei der Verkäsung von haushaltsüblichen Kleinmengen ist dies jedoch nicht immer möglich oder auch zu aufwendig. Es ist auch nicht Bedingung, sondern der Idealfall.
Der Hobbykäser sollte immer darauf achten, daß nicht ganz frische Milch verkäst wird. Die Milch sollte ungefähr 6 – 12 Stunden alt sein. Bei Kühlung der Milch um 5 °C kann Kuh-, Schafs- und Ziegenmilch auch noch am zweiten Tag nach dem Melken zu Käse verarbeitet werden. Älter sollte sie aber nicht sein. Während dieser „Stehzeit“ im Kühlschrank oder Kühlraum muß die Milch abgedeckt sein, da eine Infektion der Milch später zu einem Fehlfabrikat führen kann. Es ist jedoch darauf zu achten, daß die Milchbehälter nicht völlig luftdicht verschlossen sind, weil sich sonst unerwünschte Bakterienarten stark vermehren könnten und ebenfalls Fehlfabrikate die Folge wären.
In frischer Milch können sich die Bakterien in den ersten Stunden nicht stark vermehren, weil sie sich erst an das Medium Milch gewöhnen müssen. Nach ungefähr 6 – 12 Stunden ist diese Gewöhnungsphase beendet. Das ist die Erklärung dafür, weshalb man keine ganz frische Milch zu Käse verarbeiten soll. Die notwendigen Milchsäurebakterien, die der Milch in Form von Buttermilch, Sauermilch oder Joghurt zugegeben werden müssen, würden in den ersten Stunden nach dem Melken in ihrer Entwicklung stark eingeschränkt, so daß sie die dringend erforderliche Milchsäure nicht bilden könnten.
Bei Verwendung von pasteurisierter, frischer Vollmilch ist lediglich darauf zu achten, daß sie ebenfalls schnellstmöglich nach Hause gebracht und im Kühlschrank gelagert wird. Man achte beim Einkauf darauf, daß sie möglichst frisch, d.h. maximal 7 Tage alt ist. Dies ist leicht zu überprüfen, indem das Einkaufsdatum mit dem aufgedruckten Mindesthaltbarkeitsdatum verglichen wird. Die pasteurisierte Frischmilch hat nämlich ein solches Verfallsdatum, das ziemlich genau 7 Tage nach dem Abfülldatum liegt.
Wenn Rohmilch verkäst werden soll, sollte man, um Fehlfabrikate zu vermeiden, die Milch pasteurisieren, indem man sie kurz vor dem Käsemachen unter Rühren auf ca. 70 °C erhitzt und dann möglichst rasch (Wasserbad) auf die jeweilig notwendige Verarbeitungstemperatur heruntergekühlt.
Abschließend sei noch einmal auf die alles entscheidende Hygiene beim Umgang mit Milch hingewiesen.
Alle Gefäße, die mit der zu verkäsenden Milch in Berührung kommen, müssen sofort nach jedem Gebrauch sorgfältig mit heißem Wasser gereinigt werden.
Das nützt alleine aber noch wenig, wenn

nicht alle Räume, vom Milchsammelraum über den Kühlraum bis zur „Käseküche" peinlich sauber gehalten werden.
Hygiene bei der Milchbehandlung und bei der Käsebereitung garantieren erst den Erfolg – einen köstlich schmeckenden hausgemachten Käse.

Wichtig:
Rohmilch ab Hof zur Sicherheit immer vor dem Verkäsen im Topf auf ca. 70 °C erhitzen (pasteurisieren), dann auf Verarbeitungstemperatur von z.B. 33 °C abkühlen lassen, jetzt Starterkultur zugeben und nach Vorschrift weiter arbeiten.

Was brauche ich zum Selberkäsen ?

Eigentlich nicht allzuviel, was Sie nicht schon sowieso im Hause haben. Ist das nicht tröstlich?
Nötig sind folgende Utensilien:

Topf

Er sollte ungefähr 5 – 6 Liter fassen, innen ohne Schadstellen sein, am besten aus Edelstahl, damit die Molkensäure nicht angreifen kann. Aluminiumtöpfe sind aus diesem Grunde nicht geeignet. Im Topf wird die zu verkäsende Milch auf die richtige Temperatur gebracht und durch Labzusatz dickgelegt.

Leinentücher

Am besten eignet sich echtes Käseleinen, weil es aus Naturfasern und die Webstärke ideal ist.
Schon mancher Hobbykäser mußte nämlich bei der Verwendung von „Ersatztüchern" feststellen, daß die Molke nur schwer ablief, da sie zu dicht gewebt waren. Bei zu weiter Webung besteht die Gefahr, daß beim Pressen von Schnitt- und Hartkäse die Käsemasse in diese weite Porung eingedrückt wird, so daß das Austuchen des Käselaibs erschwert ist und die Rinde des Käses dabei beschädigt werden kann.
Mit Leinentüchern kann man die Käsemasse von der flüssigen Molke trennen; sie dienen außerdem als Ausschlagtücher für die Käseformen.

Küchensieb

Es sollte aus Kunststoff oder aus Metall sein. Es dient ebenfalls zum Separieren von Bruch und Molke.

Dickmilchschneider (Käsegitter)

Er sollte aus lebensmittelechtem und säurebeständigem Metall sein. Der Dickmilchschneider dient dazu, die dicke, geronnene Milchmasse – je nach Käsesorte – in größere oder kleinere Dickmilchstücke (Bruchstücke) zu zerteilen, damit die Molke besser austreten kann.

Thermometer

Das Thermometer ermöglicht eine exakte Messung bei der Erhitzung der Milch auf die jeweils vorgeschriebene Temperatur. Nur gute Thermometer, die auf 1 °C genau messen, erfüllen den Zweck. Ein Käsethermometer mit Eintauchtiefenmarkierung ist ideal.

Käseformen

gibt es nur im Fachhandel. Sie sind meist aus Steingut oder Kunststoff.
Von letzteren möchte ich abraten, da nach neueren Untersuchungen Teile des Kunststoffes mit der sehr aggressiven Milchsäure reagieren und dann Spuren dieser chemischen Reaktionsprodukte im Käse sein können.

Ideal sind Steingutformen, die eine Glasur besitzen, welche nicht nur blei- und schwermetallfrei, sondern auch resistent gegen Milchsäure ist. Schließlich ist noch wichtig, daß die Formen bei mind. 1200 °C gebrannt wurden. Sind diese Voraussetzungen erfüllt, so haben Sie die besten Käseformen.

Lab

Lab ist ein Enzym (Ferment) aus dem Labmagen von Kälbern. Es wird daraus gewonnen und in flüssiger oder fester Form angeboten. Lab hat die Eigenschaft, die Milch in relativ kurzer Zeit dick zu legen, d.h., das Milcheiweiß Kasein ohne Milchsäure gerinnen zu lassen. Lab in Pulver- oder Tablettenform muß trocken, kühl und dunkel gelagert werden. Lab sollte innerhalb eines Jahres verbraucht werden, da seine Wirkung sonst nachläßt.
Für den Haushalt sind Tabletten m.E. besser geeignet als Flüssiglab. Dieses ist schwerer zu dosieren, darüber hinaus weniger lange haltbar und wirksam.
Bei Pulverlab müßte man im Grammbereich wiegen können, wer kann das schon? Zuviel Lab macht Käse leicht bitter, zuwenig Lab läßt die Milch nicht oder zu langsam gerinnen. Tabletten für je 2 Liter Milch sind optimal.

Starterkulturen

Neben der Milch sind zum Käsen auch noch Starterkulturen (Milchsäurebakterien) notwendig. Große Käsebetriebe arbeiten mit ganz speziell gezüchteten Bakterienrassen, die sie kontinuierlich verwenden.
Im Privathaushalt genügt es, wenn man die zu verkäsende Milchmenge 1 – 2 Stunden vor dem Käsen mit Buttermilch oder Joghurt „impft“ (je nach gewünschtem Käse), so daß sich die in dem jeweiligen Milcherzeugnis befindlichen Milchsäurebakterien vermehren können.
Der angewärmten Milch sollten mindestens 3% (30 ml/Liter Milch) zugesetzt werden, für Frischkäse (Quark) 5% (50 ml/Liter Milch).

Wichtig:
Von besonderer Wichtigkeit ist, daß die als Starterkulturen verwendete Buttermilch, Dickmilch bzw. der Joghurt möglichst frisch, d.h. höchstens 14 Tage alt sind. Dies können Sie leicht am aufgedruckten Mindesthaltbarkeitsdatum prüfen.
Diese 3 Erzeugnisse haben eine Mindesthaltbarkeit von ziemlich genau 14 Tagen. Wenn also z.B. Buttermilch am 1. August hergestellt wurde, druckt die Molkerei den 14. August als Mindesthaltbarkeitsdatum auf.
Es sei dringend empfohlen, nur Buttermilch, Sauermilch oder Joghurt als Starterkultur zu verwenden, bei der das Mindesthaltbarkeitsdatum nicht überschritten ist. Je frischer, desto besser.

Tip:
Mit Buttermilch als Starterkultur habe ich bei allen Käsen die besten Erfahrungen gemacht.

Käsepresse

Bei allen festeren und harten Käsesorten muß die Käsemasse zu einem Käselaib gepreßt werden.
Es genügt keinesfalls, wenn zum Pressen auf den Deckel der Käseform ein Gewicht gestellt wird. Da die Käsemasse am Anfang

immer viel Molke enthält, ist sie sehr weich und gibt deshalb einseitig nach, so daß das Preßgewicht herunterfällt.
Um den Käse optimal pressen zu können, ist eine Käsepresse notwendig (s. Abb. Seite 56). Diese kann mit etwas Geschick sogar selbst gebaut werden, im Fachhandel gibt es sie in verschiedenen Größen.

Für die Hobbykäserei im Haushalt genügt eine nicht allzu große Presse, die relativ preiswert zu bekommen ist. Sie wird als Bausatz geliefert (mit Bauanleitung), ist aus echtem, unbehandeltem Kiefernholz und kostet ca. DM 80,–.

Hinweis:
Für die häusliche Käsebereitung ohne Konservierungsstoffe wurden in den letzten Jahren komplette Sets entwickelt, die die Verkäsung kleiner, haushaltsüblicher Milchmengen ermöglichen. Sie enthalten alles, was jeder Hobby-Käser benötigt: Holz-Käsepresse, Käselaibformen, -leinentücher, -thermometer, Dickmilchschneider und Labtabletten.
Natürlich kann man die Utensilien auch einzeln erhalten.

Jetzt geht's mit dem Käsen richtig los

14 Regeln für das erfolgreiche Käsehobby

1. Hygiene bei allen Arbeiten ist die Grundlage und unabdingbare Voraussetzung für den Erfolg.

2. Alle Arbeitsgeräte (Topf, Schöpfkellen, Messer, Dickmilchschneider, Rührlöffel) sollen nach jedem Gebrauch mit heißem Wasser gereinigt, Käsetücher müssen ausgewaschen, dann wie Kochwäsche gekocht, gut getrocknet und vor dem nächsten Gebrauch nochmals kurz in heißes Wasser gelegt werden. Feinmaschige Siebe sind ähnlich zu behandeln. Der winzigste Käserest infiziert den neuen Käse!

3. Die Milch ab Hof (Rohmilch) sollte nicht älter als 2 Tage, die pasteurisierte aus dem Geschäft nicht älter als 7 Tage sein (das Abfülldatum liegt 7 Tage vor dem aufgedruckten Mindesthaltbarkeitsdatum).
Bei Rohmilch ab Hof sollte die Abendmilch genommen, bei 5 – 8 °C gekühlt und am nächsten Morgen verkäst werden. Noch idealer, jedoch nicht unbedingt nötig wäre es, wenn die letzte Abendmilch mit der nächsten Morgenmilch gemischt und gleich verkäst wird.
Niemals noch warme Milch zu der bereits gekühlten schütten, da dies evtl. eine zu starke Bakterienentwicklung zur Folge hat. Wenn anschließend gleich gekäst wird, macht dies nichts, es gilt nur dann, wenn eine solche Mischmilch noch länger aufbewahrt werden soll. Außerdem sei nochmals darauf hingewiesen, daß Rohmilch ab Hof aus Sicherheitsgründen wie auf den Seiten 19 – 20 beschrieben pasteurisiert werden sollte.

4. Milch nach jedem Transport sofort wieder auf 5 – 8 °C herabkühlen und bis zum Gebrauch bei dieser Temperatur halten.
Darauf achten, daß die Milch bei der Lagerung nicht völlig luftdicht abgeschlossen ist, die Milch kann „ersticken“. Nicht zusammen mit stark riechenden Lebensmitteln lagern, da Milch gerne Fremdgerüche annimmt.

5. Die verwendeten Starterkulturen (Sauermilch, Dickmilch, Buttermilch und Joghurt) sollen nicht älter als 14 Tage sein (das Abfülldatum liegt hier ca. 14 Tage vor dem aufgedruckten Mindesthaltbarkeitsdatum). Starterkulturen immer 1 Stunde vor der Labzugabe in die erwärmte Milch einrühren.

6. Lab nicht über- oder unterdosieren. Labtabletten oder Flüssiglab in 1/3 Tasse lauwarmem Wasser auflösen (niemals heißes Wasser verwenden!), langsam mit einem Rührlöffel in die Milch einrühren und die Milch dann sofort aus ihrer Kreisbewegung heraus stoppen. Warum nicht, wie es unsere Großmütter taten, eine Acht (8) rühren?

7. Die geronnene Dickmilch auf den richtigen Bearbeitungsbeginn hin mit dem Dickmilchschneider überprüfen (Messerprobe siehe Abb. Seite 54). Zu früh bearbeitete, noch nicht genug eingedickte Milch führt zu einem Milchbrei und die Schnittbahnen laufen wieder zusammen, so daß sich die Molke nicht von der Käsemasse trennen kann.

8. Bei Schnitt- und Hartkäsen muß der Bruch noch nachgewärmt (gewaschen) werden. Je höher die Nachwärmtemperatur und deren Dauer ist, desto fester wird der Käse, weil dann mehr Molke aus der Käsemasse (Käsebruch) ausgeschieden wird.

9. Käse immer bei Zimmertemperatur (20 – 22 °C) pressen, weil er sich dadurch insbesondere in seinen Randschichten besser verdichten kann. Bei allen Arbeiten mit dem Käse Zugluft vermeiden.

10. Die bei Edelpilzkäsen eingesetzten Schimmelpilzkulturen müssen von gesunden gekauften Käsen stammen, damit sie auch in oder auf dem neuen Käse wieder gut wachsen.

11. Weichkäse, die meist nur 1 – 2 Wochen reifen, alle 2 – 3 Tage wenden. Schnitt- und Hartkäse in den ersten beiden Reifewochen alle 4 – 5 Tage, dann nur noch einmal pro Woche wenden und auf Schimmelbefall kontrollieren, wenn nötig, mit starker Salzlösung abwaschen und wieder trocken reiben.

12. Das Wasser in der Reifebox alle 8 Tage wechseln.

13. Alle gemachten Erfahrungen und Beobachtungen bei der Käsebereitung aufschreiben und bei der nächsten Produktion mit einfließen lassen. Eigene Erfahrungen müssen zu den hier vorgestellten Praktiken immer noch dazukommen; sie ermöglichen zusätzlich individuelle Käsekreationen.
(So bringt z.B. der Einsatz nur einer anderen Starterkultur bei einem Rezept oder eine nur um 1 °C höhere oder niedrigere Anwärmtemperatur der Milch einen anderen Käsegeschmack.)

14. Alle Temperaturangaben bei Herstellung und Lagerung des Käses einhalten.

Tip:
Alle Utensilien für die Käsebereitung wie z.B. Dickmilchschneider, Käseleinen, Rührlöffel, Metallsieb und Messer sollten in einem Topf mit Wasser heiß gemacht werden (Desinfektion). Kurz vor dem Siedepunkt Herdplatte ausschalten. Wenn dann noch der Topf für die Käsebereitung bei geschlossenem Deckel mit ein wenig Wasser 3 – 5 Minuten ausgeköchelt wird, hat man die besten hygienischen Voraussetzungen geschaffen.

Köstliche Sauermilch (Dickmilch) selbstgemacht

Wer kennt sie nicht, die gute alte, leicht säuerliche Dickmilch? Früher wurde sie in fast allen Landhaushalten fast täglich zubereitet, oft mit Zucker überstreut, oder aber mit frisch gekochten Pellkartoffeln gereicht.
Sie war und ist eine Delikatesse. Heute wird sie fast nur noch gekauft, weil beinahe niemand mehr weiß, wie sie hergestellt wird. Wer es heute so macht wie unsere Großmütter früher, wird nur selten Glück haben und meist keine gute Sauermilch erhalten. Dies liegt ganz einfach daran, daß die heutige Milch, im Gegensatz zur früheren, ab Hof zu steril ist und nicht genügend Bakterien enthält. Mit der gekauften Milch aus dem Geschäft geht es noch weniger, da diese Milchsorten in der Regel immer hitzebehandelt (pasteurisiert oder ultrahocherhitzt) sind.
Wendet man jedoch einen einfachen Trick an, erhält man fast immer eine wohlschmekkende, köstliche Sauer- bzw. Dickmilch. Das Geheimnis ist die Zugabe von ein paar Eßl. Butter- oder Sauermilch, in der sich noch lebensfähige Milchsäurebakterien befinden. Diese Milchsäurebakterien ernähren sich vom Milchzucker der Milch und bilden daraus Milchsäure, die den Bakterien ihren Namen verleiht. Diese Milchsäure bringt ihrerseits das Milcheiweiß Kasein zum Gerinnen – es bildet sich ein Eiweißgerüst – die Milch wird sauer und dick. Dickmilch ist entstanden.
Am besten „impft" man die Milch mit etwas Butter- oder Sauermilch, gibt sie in ein glasiertes Steingutgefäß oder in eine Glasschüssel, deckt sie ab (Teller oder Glasschüssel) und läßt sie bei Zimmertemperatur 2 – 3 Tage stehen. Wird eine Glasschüssel verwendet, sollte sie in einen Schrank gestellt werden, da das Glas die UV-Strahlen durchläßt. Dies ist im Hinblick auf die Vitamine und die Fettveränderungen ungünstig.
Ist die Sauer- oder Dickmilch fertig, so wird das Gefäß entleert und sofort, ohne es zu spülen, wieder Milch eingegossen. Jetzt erübrigt sich natürlich die Zugabe von Starterkultur. Diesen Vorgang kann man einige Male wiederholen, es sollte aber ab und zu das Standgefäß peinlich genau, heiß saubergespült und wieder mit einer gesunden Kultur neu „geimpft" werden, um im Geschmack reintönige Sauermilch zu erhalten. Schmeckt die Milch zu sauer, stand sie entweder zu lange, oder wurde etwas (für die herrschende Zimmertemperatur) zuviel Starterkultur zugegeben. Ca. 5% Butter- bzw. Sauermilch, bezogen auf die Milchmenge, sind im Normalfall ausreichend, dies wären ca. 50 ml pro Liter Milch.

Sauermilch – einfach delikat

Was brauche ich?

2 Liter Milch ab Hof oder past. aus dem Geschäft
100 ml Butter- oder Sauermilch

So wird' s gemacht:

Milch in ein sauberes Gefäß geben, Butter- oder Sauermilch zufügen, mit sauberem (!) Löffel verrühren, abdecken und bei Zimmertemperatur 2 – 3 Tage stehen lassen. Jetzt kühlen, sonst säuert die Milch weiter.
Guten Appetit.

Hinweis:
Sollte einmal die Sauermilch bitter oder sonstwie unerwünscht schmecken, so liegt dies immer an unerwünschter Bakterienentwicklung, aufgrund eines unsauberen Gefäßes oder an „Silagemilch".
„Silomilch" sollte dann kurz vor dem Anstellen auf ca. 65 °C erhitzt und danach auf 25 – 30 °C herabgekühlt werden. Erst jetzt ist die Milch zur Zugabe von Starterkultur geeignet.

Tip:
Es ist auch möglich, die Milch in kleine Schüsselchen zu geben, mit Kultur zu „impfen" und abgedeckt, dunkel stehen zu lassen.
Vor dem Verzehr gut kühlen und Zucker aufstreuen – einfach prima.
Diese „Schüsselchen" hat meine Mutter früher immer als Dessert im Sommer gemacht, und ich denke noch heute gerne an diese Zeit zurück.

Wie wird aus Milch Frischkäse (Quark)?

Die Bereitung von Frischkäse (Quark) ist mit Sicherheit die älteste Art der Käseherstellung.
Er wurde aller Wahrscheinlichkeit nach schon vor Jahrtausenden hergestellt. In den letzten 100 Jahren wurde, vornehmlich auf dem Lande, die von den Molkereien an die Bauern zurückgelieferte Magermilch an einen warmen Ort (Ecke des Herdes) gestellt. Nach 1 – 2 Tagen war die Milch durch die Entwicklung der Milchsäurebakterien dicksauer. Dann wurde sie auf ein Sieb oder

Tuch geschöpft, durch das die Molke abtropfen konnte. Mit frischer Vollmilch genossen, mit Kümmel oder anderen Gewürzen und Kräutern abgeschmeckt, war und ist dies zu Brot oder Pellkartoffeln eine Delikatesse.

Qualitätsmerkmale bei Frischkäse sind Geschmack und Konsistenz. Normalerweise soll Quark reintönig und sauer schmecken (Sauermilchquark). Wenn der Quark zu sauer ist, liegt es daran, daß die Milchsäurebildung aus Milchzucker durch die Milchsäurebakterien schon zu weit fortgeschritten ist. Dies ist einigermaßen zu beeinflussen, indem der Quark schon während des Molkeablaufes in den Kühlschrank gestellt wird. Es bringt aber nicht das gewünschte Resultat, wenn z.B. die Menge der Kulturzugabe reduziert wird. Auch kann versucht werden, die Dickmilch etwas früher auszuschöpfen oder aber die Milch bei nierigeren Temperaturen anzusetzen. Hier wird am besten selbst etwas experimentiert, um den „eigenen Weg“ zu finden.

Dies gilt übrigens für die Herstellung aller hausgemachten Käse.

Der richtige Zeitpunkt des Schneidens oder Anwärmens ist dann erreicht, wenn die Dickmilch beim Einschneiden mit einem Messer an der Schnittstelle stehenbleibt, also nicht mehr zusammenläuft. Quark sollte nach dem Abtropfen der Molke immer so rasch wie möglich auf 5 °C abgekühlt werden. Er enthält noch verhältnismäßig viel Wasser und ist deshalb bei nicht ausreichender Kühlung leicht verderblich.

Bei allen Frischkäsen gilt: so schnell wie möglich verzehren!

Und noch ein Hinweis: Quark nie einfrieren, da sich sonst aufgrund des hohen Wassergehaltes seine Struktur völlig verändert.

Quark kann sowohl aus entrahmter Milch (Magerquark) als auch aus Vollmilch (Sahnequark) gemacht werden. Weil aber insbesondere die hitzebehandelte Milch viel steriler als die unbehandelte Roh- und Vorzugsmilch ist, empfiehlt es sich, der Milch ca. 5% (pro Liter also 50 ml) Buttermilch oder Dickmilch (Sauermilch) zuzugeben. Bei der Quarkbereitung ist es möglich, die Milch bei Zimmertemperatur (20 °C), aber auch bei 30 °C anzusetzen. Bei 30 °C läuft der Säuerungs- und Dicklegungsprozeß der Milch natürlich viel schneller und intensiver ab, bei niedrigeren Temperaturen werden jedoch der Geschmack und die Haltbarkeit etwas besser. Es ist auch gut möglich, der Milch außer Starterkulturen (z.B. Buttermilch) auch etwas Lab zuzugeben. In diesem Falle wird der Quark milder, und die Dicklegung ist eher beendet.

Soll Quark mit Hilfe von Starterkulturen und gleichzeitig unter Verwendung von Lab entstehen, wird die Milch zunächst auf 30 °C gebracht, dann die Starterkultur eingerührt.

Hinweis:
Verfährt man wie beschrieben, erhält man einen glatten, cremigen Frischkäse. Soll ein etwas trockenerer, krümeliger Quark bereitet werden, so ist die fertige Dickmilch (Sauermilch) auf der Herdplatte auf ca. 40 – 50 °C zu erhitzen.
Jetzt trennt sich in wenigen Minuten Molke und Frischkäsemasse im Topf. Nach ca. 15 Minuten wird der gesamte Topfinhalt auf ein nasses Käseleinen geschöpft. Die Masse tropft jetzt relativ rasch ab. Nach diesem Verfahren erhält man einen Frischkäse, der die Grundlage für die Herstellung von Harzer, Handkäse und Kochkäse ist. Bei diesen Käsen ist jedoch entrahmte Milch (Magermilch) Voraussetzung.

Der Labzusatz erfolgt ungefähr 1 Stunde später (Labtabletten oder Flüssiglab vorher in etwas lauwarmem Wasser auflösen bzw. verdünnen). Das Einrühren des Labs in die Milch soll langsam, am besten mit einem Rührlöffel geschehen. Man achte darauf, daß die sich bewegende Milch mit dem Rührlöffel sofort wieder angehalten wird. Bei Vollmilch ist ungefähr die doppelte Labmenge nötig. Wenn Milch auf diese Weise angesetzt wird, ist sie im allgemeinen früher dick als nur mit Hilfe von Startern.

Die dickgelegte Milch wird nun vorsichtig auf ein mit einem nassen Käseleinen ausgelegtes Sieb geschöpft. Je zwei Enden des Tuches werden dann verknotet. Das verknotete Tuch hängt man am besten über einem Auffanggefäß am Wasserhahn auf und sammelt die Molke, die gekühlt ein köstliches Getränk ist. Schließlich ist noch wichtig zu erwähnen, daß vorsichtig geschöpft wird, damit die Dickmilch nicht in zu kleine Partikel zerschlagen wird, die zum einen die Poren des Käsetuches verstopfen und zum anderen den Molkeablauf erschweren. Es soll nicht die ganze Molke abtropfen, da der Quark sonst zu trocken wird. Im Tuch bleiben ungefähr 300 – 400 Gramm/Liter Milch köstlicher Frischkäse zurück, der mit Sahne, Kümmel, Paprika, Schnitt- und Knoblauch, Meerrettich und vielem anderen nach eigenem Geschmack gewürzt werden kann.

Frischkäserezepte – Quark von seiner besten Seite

Man muß kein Gesundheitsfanatiker sein, um Quark zu lieben. Aus der bewußten Ernährung ist er jedoch nicht mehr wegzudenken. Er läßt sich optisch nett und vielseitig anrichten.
Durch die Verwendung von Magermilch erhält man einen Diätquark; wer es noch schmackhafter möchte, stellt einen Sahnequark aus Vollmilch her.
Die jetzt folgenden Vorschläge von und mit Quark lohnen auf jeden Fall, einmal ausprobiert zu werden.

Prima Brotaufstrich

Was brauche ich?

250g Sahnequark
1 Teel. Salz
100g Salami
2 Teel. Paprikapulver
1 Eßl. eingelegte Paprikaschote
1 kleine Essiggurke

So wird's gemacht!

Den Quark glattrühren, mit Salz und Paprikapulver würzen. Die gehackte Paprikaschote, die sehr fein gehackte Salami und die feingehackte Essiggurke unterrühren – guten Appetit.

Meerrettichquark

Was brauche ich?

250g Quark (sahnig oder mager)
5 Eßl. frische Sahne (nur bei Magerquark)
1 Eßl. frisch geriebener Meerretich
100g gekochter Schinken
1/2 Teel. Zucker
1 Teel. Salz
1 Messerspitze Cayennepfeffer

So wird's gemacht!

Den Quark glattrühren, Meerrettich unterziehen, gekochten Schinken fein würfeln und alle übrigen Zutaten untermengen.

Selleriequark

Was brauche ich?

250g Quark (sahnig oder mager)
1/2 Becher Joghurt
125g roh geriebener Sellerie
1 kleiner, geriebener Apfel
1 Eßl. Salz
1/2 Teel. Zucker
1/2 Zitrone

So wird's gemacht!

Den Quark mit Joghurt schaumig rühren, geriebenen Sellerie und Apfel zufügen. Mit Salz, Zucker und dem Saft der Zitrone würzen. Paßt sehr gut auf Schwarzbrot.

Köstlicher Heringsquark

Was brauche ich?

250g Sahnequark
2 Eßl. Rote-Beete-Saft
2 Eßl. gehackte Zwiebel
1/2 kleiner, gehackter Apfel
2 gewürfelte Matjesfilets
1 gewürfelter Bismarckhering
3 Eßl. eingelegte, gehackte Rote Beete
2 Eßl. gehackte, gare Karotten

So wird's gemacht!

Alle Zutaten mit dem Quark gut vermengen und mit kräftigem Landbrot servieren.

Tomatenquark

Was brauche ich?

250g Quark (sahnig oder mager)
3 Eßl. Dosenmilch
1 Eßl. Tomatenmark
1 Teel. Salz
3 Eßl. Tomatenketchup
1 Spritzer Worcestershiresauce
8 Tropfen Tabasco
8 gehackte Oliven
1 zerdrücktes Sardellenfilet
1 Eßl. gehackte Zwiebel
1 zerdrückte Knoblauchzehe
1 Eßl. gehackte Petersilie
2 gehackte, geschälte, mittelgroße Tomaten

So wird's gemacht!

Den Quark mit Dosenmilch verrühren und nach und nach alle übrigen Zutaten einrühren. Schmeckt besonders gut auf getoastetem Graubrot.

Frühlingsquark

Was brauche ich?

250g Magerquark
1/2 kleiner Becher Joghurt oder Buttermilch
1 Teel. Salz
1/3 Teel. Zucker
1/2 Zitrone
6 Tropfen Tabasco
1 Eßl. gehackte Zwiebel
3 Eßl. gehackte Kresse
1/2 Eßl. Schnittlauch
1/2 Eßl. gehackte Kerbel

So wird's gemacht!

Den Quark mit dem Joghurt oder der Buttermilch gut verrühren, mit Salz, Zucker, Zitronensaft und Tabasco würzen und zum Schluß Zwiebel und alle Kräuter unterrühren. Dick auf Schwarzbrot gestrichen – prima!

Gourmet-Quark

Was brauche ich?

250g Sahnequark
1 Tasse süße Sahne
100g Räucherlachs
1 Glas echter Kaviar (56,8g)
1 Messerspitze Cayennepfeffer
1/2 Eßl. gehackter Dill

So wird's gemacht!

Den Quark durch ein Sieb streichen, schaumig rühren und die Sahne unterziehen. Den Lachs in kleinste Stücke schneiden und zusammen mit dem Kaviar, Cayennepfeffer und Dill unter den Quark ziehen. Am besten dazu Toast reichen.

Kräuterquark

Was brauche ich?

250g Sahne- oder Magerquark
4 Eßl. Milch
2 Eßl. süße Sahne (nicht bei Sahnequark)
1 Teel. Selleriesalz
1 Messerspitze Cayennepfeffer
4 Eßl. frisch gehackte Kräuter

So wird's gemacht!

Den Quark mit der Milch und evtl. der Sahne schaumig rühren, mit Selleriesalz und Cayennepfeffer würzen und zum Schluß die Kräuter unterziehen, z.B. Dill, Schnittlauch, Petersilie, Pimpinelle, Liebstöckel, Zitronenmelisse, Borretsch o.a.

Tip (Kräuterquark):
Weitere Möglichkeiten ergeben sich durch Zugabe von zerriebenem Knoblauch, Kümmel und gekeimtem Samen, wie z.B. Kresse und Senf.
Auch das Mischen von Quark mit Bananenstückchen, Ananas, Marmelade sowie vielen anderen Zutaten ergeben immer neue Quarkvarianten.
Der eigenen Phantasie sind keine Grenzen gesetzt.

Sahne-Sauermilchquark – einfach köstlich

Was brauche ich?

2 Liter Vollmilch
ca. 100 ml frische Buttermilch

So wird's gemacht!

Milch unter Rühren auf 30 °C erwärmen. Buttermilch einrühren. Topf vom Herd nehmen und bei Zimmertemperatur stehenlassen, bis die Milch dick ist (je nach Witterung 2 – 3 Tage). Jetzt die Dickmilch mit dem Messer 6- bis 8mal kreuz und quer schneiden.
Nach 5 Min. mit dem Rührlöffel alles vorsichtig bewegen und weitere 5 Min. ruhenlassen. Den Bruch vorsichtig auf ein in einem Sieb liegendes feuchtes Tuch schöpfen. Bis zur gewünschten Konsistenz abtropfen lassen (Tuch an je 2 Enden zusammenbinden und aufhängen!).
Man kann auch die geronnene Milch ungeschnitten auf 35 °C erwärmen und die Temperatur 1/2 Stunde lang halten, damit sich die Molke vom Bruch trennt. Dies geht am besten im Backofen oder auf der Platte. Jetzt die Dickmilch auf ein Tuch/in ein Sieb schöpfen und abtropfen lassen.

Ein Quark auf die Schnelle

Was brauche ich?

2 Liter Voll- oder Magermilch
1 Labtablette
1 Becher Joghurt

So wird's gemacht!

Milch und Joghurt unter Rühren auf 43 °C erwärmen und 1 Stunde warmhalten. Die in 1/3 Tasse Wasser aufgelöste Labtablette langsam einrühren. Topf warmstellen. Wenn die Milch eingedickt ist (ungefähr nach 2 Stunden), die Masse in Würfel schneiden, etwas ruhenlassen, dann vorsichtig ausschöpfen und nach Vorschrift abtropfen lassen.

Hinweis:
Dieser Frischkäse ist sehr mild. Wegen der geringen Säure ist er gekühlt nur 2 Tage haltbar und muß also schnell gegessen werden! Besonders gut schmeckt er mit Honig, verschiedenen Konfitüren oder mit Zucker und Zimt.

Milder Joghurt-Lab-Quark

Was brauche ich?

2 Liter Voll- oder Magermilch
1 Naturjoghurt (150g)
1 Labtablette

So wird's gemacht!

Milch unter Rühren auf 45 °C erwärmen, Joghurt dazurühren. Labtablette in 1/3 Tasse Wasser auflösen. Langsam mit dem Rührlöffel einrühren. Die sich bewegende Milch dem Rührlöffel anhalten! Topf mit Deckel verschließen, in Decke einhüllen od. in Kochkiste stellen (bzw. Frischhaltebox oder sonstige passende Behältnisse aus Styropor). Nach ca. 2 – 3 Std. ist die Milch dick. Jetzt die Milch mit einem senkrecht geführten Messer jeweils 6- bis 8mal kreuz und quer schneiden; 5 Min. stehenlassen, leicht bewegen; noch 10 Min. ruhenlassen. Ein feuchtes, ausgewrungenes Tuch über ein Sieb legen, Masse einschöpfen. Tuch aufhängen; Quark abtropfen lassen.

Tip:
Möchte man den Quark saurer, die Stehzeit der gerinnenden Milch nach Wunsch verlängern.

Buttermilchquark

Was brauche ich?

2 Liter Magermilch oder fettarme Milch (1,5%)
0,5 Liter frische Buttermilch

So wird's gemacht!

Milch mit Buttermilch verrühren und in einem Topf mit Deckel bei Zimmertemperatur 3 – 4 Tage ansäuern lassen. Die geronnene Milch in ein Tuch schöpfen und abtropfen lassen.

Tip:
Dieser Quark eignet sich besonders gut für Desserts.

Frischrahmkäse – delikat

Was brauche ich?
2 Liter Vollmilch
250 ml saure Sahne
1 Labtablette

So wird's gemacht!
Milch unter Rühren auf 29 °C erwärmen, saure Sahne einrühren. Labtablette in 1/3 Tasse Wasser auflösen und langsam in die Milch einrühren. Topf an einen warmen Ort stellen und Milch über Nacht eindicken lassen. Dickmilch kreuz und quer schneiden und eine halbe Stunde stehenlassen.
Den Bruch auf ein Tuch schöpfen und abtrocknen lassen.

Tip:
Alle Frischkäse können bei Wunsch zu ansprechenden Käselaibchen gepreßt werden. Hierzu sind eine stabile Käselaibform mit passendem Innendeckel sowie eine Käsepresse notwendig (siehe Abb. S. 56).

Sahnequark – einfach prima

Was brauche ich?
2 Liter Vollmilch
2 Eßl. Joghurt
2 Eßl. Crème fraîche
1 Labtablette

So wird's gemacht!
Milch unter Rühren auf 45 °C erwärmen, Joghurt und Crème fraîche einrühren, Topf zugedeckt 1 Stunde warm stellen. Labtablette in 1/3 Tasse Wasser auflösen und rasch einrühren. Topf zudecken und 8 – 10 Stunden bei Zimmertemperatur stehenlassen. Die Milch mit einem Messer 6- bis 8mal kreuz und quer schneiden. 5 Minuten ruhenlassen, leicht bewegen und nochmals 5 Minuten stehenlassen. Sieb mit nassem Tuch auslegen, Bruch einschöpfen und abtropfen lassen. Dieser Frischkäse schmeckt besonders gut mit Kräutern oder Meerrettich.

Tip:
Wer ihn noch fetter will, kann noch etwas süße oder saure Sahne (Rahm) unterziehen.

Körner-Frischkäse als Dessert

Was brauche ich?
2 Liter Vollmilch
1 Labtablette
2 Eßl. süße Sahne
evtl. Zimt

So wird's gemacht!
Milch unter Rühren auf 40 °C erwärmen. In 1/3 Tasse Wasser Labtablette auflösen, schnell einrühren. An einem warmen Ort die Milch 1 – 2 Stunden eindicken lassen. Dann Topf auf Herd stellen, Molke-Bruch-Gemisch unter ständigem, vorsichtigem Rühren mit dem Schneebesen auf Siedetemperatur bringen und die gesamte Molke verdampfen lassen.
Die süßen Frischkäsekörner (Milchzucker) kalt oder warm mit Sahne vermischen, evtl. mit etwas Zimt bestreuen.

Hinweise:
Man kann eine Zimtstange mitkochen. Während der Verdampfung (ca. 2 Std.) braucht man nicht mehr zu rühren, nur in der Endphase, damit die Käsekörner nicht anbrennen. Die karamelartige Färbung kommt vom Milchzucker, der hauptsächlich in der Molke war.

Joghurt-Frischkäse

Was brauche ich?

2 Liter Vollmilch oder Magermilch
1 Naturjoghurt (150g)

So wird's gemacht!

Aus der Milch zunächst nach Vorschrift (siehe S. 82) einen Joghurt bereiten.
Den Joghurt danach auf 40 – 50 °C erwärmen und 30 Minuten bei dieser Temperatur halten (Backofen oder Elektroherdplatte). Im Tuch oder Sieb abtropfen lassen, bis die gewünschte Festigkeit erreicht ist. Nach Wunsch mit Gewürzen geschmacklich abrunden.

Eier-Frischkäse

Was brauche ich?

4 Eier
2 Liter Vollmilch
350 ml Sauermilch (Dickmilch)

So wird's gemacht!

Die Eier im Topf verquirlen, Milch und Sauermilch zugeben und alles intensiv verrühren. Topf auf den Herd stellen und unter Rühren auf der höchsten Stufe auf 90 °C bringen. Wenn die Masse gerinnt, Topf vom Herd nehmen und 15 Minuten stehenlassen. Masse aus der Molke schöpfen und in eine mit einem Tuch ausgeschlagene Form geben.
Die Form muß so aufgestellt werden, daß die Molke ungehindert ablaufen kann.

Tip:
Dieser Frischkäse schmeckt besonders gut mit Brombeermarmelade oder -kompott. Auch andere Marmeladen sind gut.

Frischkäse auf indische Art

Was brauche ich?

2 Liter Vollmilch
3 Eßl. Zitronensaft
1 Messerspitze Salz

So wird's gemacht!

Milch unter Rühren zum Wallen bringen. Vom Herd nehmen und mit einem Schneebesen Zitronensaft und Salz rasch einrühren. Milch auf Zimmertemperatur abkühlen lassen. Während dieser Zeit trennen sich Bruch und Molke. Nach dem Abkühlen die überschüssige Molke abgießen, den Rest mit der Käsemasse in ein Tuch schütten und abtropfen lassen. Quark in eine Käseform füllen und 2 – 3 Stunden nicht zu stark pressen (1-kg-Gewicht, äußere Kerbe), so daß der Käselaib in Scheiben geschnitten werden kann. (Hinweise zur Preßtechnik s. Seite 55).

Körniger Frischkäse (Hüttenkäse)

Was brauche ich?

2 Liter entrahmte Milch (Mager- oder Vollmilch)
100 ml Buttermilch
1 Labtablette
etwas Salz
einige Eßl. saure Sahne

So wird's gemacht!

Mager- oder Vollmilch unter Rühren auf 33 °C erwärmen, Sauermilch einrühren. 3 – 6 Stunden an einem warmen Platz säuern lassen.
Danach die Milch unter Rühren erneut auf 32 °C erwärmen. Lab auflösen, zufügen, Topf wieder 2 Stunden (ohne Erschütterung) warm stellen.
Die eingedickte Milch mit dem Dickmilchschneider in einer Richtung in mehreren Bahnen nebeneinander schneiden.
Temperatur wieder langsam auf 50 °C erhöhen, dabei mit einem Rührlöffel vorsichtig rühren.

Hinweis:
Wem der Frischkäse zu mild ist, sollte die Sauermilchmenge etwas erhöhen oder die Standzeit von 3 – 6 Stunden noch etwas verlängern.

Die Käsemasse behutsam in ein Küchensieb schöpfen, damit die Molke ablaufen kann. Während des Abkühlens die Masse ab und zu mit einem Löffel kräftig durchrühren, damit sich kleine Klumpen bilden.
Nach 1 Stunde ist genug Molke abgelaufen. Körnige Käsemasse in eine Schüssel geben, mit saurer Sahne vermengen und mit Salz abschmecken.

Kefir-Frischkäse auf die Schnelle

Was brauche ich?

0,5 Liter Kefirmilch
2 Liter Vollmilch

So wird's gemacht!

Milch unter Rühren zum Kochen bringen, Kefir einrühren, Topf vom Herd nehmen und 15 Minuten stehenlassen.
Das Molke-Bruch-Gemisch auf ein Tuch oder in ein Sieb schütten und die Molke ablaufen lassen. In Formen füllen oder auf Teller stürzen.

Tip:
Auf die gleiche Weise können auch Buttermilch-, Sauermilch- und Joghurt-Frischkäse gemacht werden. Man muß dann nur den Kefir durch die gewünschte Sauermilchart ersetzen.

Hinweis:
Bei Quark- bzw. Frischkäse sollte darauf geachtet werden, daß weder zu viel noch zu wenig Molke austropft. Im ersteren Fall wird er zu trocken, im letzteren Fall zu naß!
Die Abtropfdauer, damit er die gewünschte Konsistenz erreicht, ist nur schwer anzugeben. Hier muß jeder seine eigenen Erfahrungen sammeln.

Wie wird aus Milch Weichkäse?

Weichkäse heißen die Käsesorten, die im Gegensatz zu Schnitt- und Hartkäse einen etwas höheren Wassergehalt und darum eine weichere Konsistenz haben (z.B. Camembert, Brie, Münsterkäse). Ihr Trockenmassegehalt liegt zwischen 35 und 52 %. Während Schnitt- und Hartkäse in ihrer ganzen Masse reifen, reifen die Weichkäse von außen nach innen. Die Weichkäseherstellung in der eigenen Küche ist zwar etwas aufwendiger als die Frischkäsebereitung, aber trotzdem leicht und problemlos durchzuführen. Daß man keinen Original-Camembert, Limburger, Brie oder Romadur enthält, braucht einen nicht zu stören, da hierfür ja ganz spezielle Kulturen und „Geheimnisse“ notwendig

sind. Was man aber erhält, sind ganz edle hauseigenen Kreationen, die mehr als ein Ersatz für die industriell erzeugten Käse sind. Bei den Weichkäserezepten wird von einer zu verkäsenden Milchmenge von 4 Litern ausgegangen. Dies ergibt ungefähr 700 Gramm Käse, eine durchaus handelsübliche Menge. Bei größerem Käsebedarf kann die Zutatenliste einfach verdoppelt oder vervielfacht werden.
Nachfolgend möchte ich kurz die Technik für die Weichkäseherstellung im Haushalt exemplarisch beschreiben.
Bei den einzelnen Sorten im Rezeptteil wird dann nur noch die abweichende Bearbeitung dargestellt.

10 Schritte zum Weichkäse

1. Schritt: Erwärmung der Milch

4 Liter Milch unter ständigem Rühren auf 33 °C erwärmen (es können auch Temperaturen bis zu 35 °C gewählt werden, was den Käsegeschmack dann verändert). Wird Joghurt als Starterkultur verwendet, muß die Milch auf 45 °C erwärmt werden.
Warum die Milch erwärmen?
Erwärmte Milch ist die Voraussetzung für die Entwicklung der Milchsäurebakterien und für die Labwirkung.

2. Schritt: Zugabe der Starterkultur

Zu 4 Litern Milch jeweils nach dem Anwärmen 150 ml Buttermilch (wahlweise Sauermilch oder Joghurt) einrühren (der Käsegeschmack wird sich je nach Starterkultur etwas verändern). Topf zudecken und 1 Stunde an einen warmen, erschütterungsfreien Ort stellen (z.B. Heizung, Ofen, Sonne, Omas Kochkiste, Heizraum oder in Wolldecke einschlagen).

Warum Starterkulturen?
Die in der Buttermilch, Sauermilch bzw. im Joghurt befindlichen Säurebakterien säuern die Milch leicht vor und schaffen die Voraussetzungen für die bessere Labwirkung bzw. die Käsereifungsvorgänge und die Haltbarkeit des Käses.

3. Schritt: Dicklegung der Milch mit Lab

Nach 1 Stunde Stehzeit 2 Labtabletten oder die entsprechende Menge Flüssiglab in die möglichst noch ca. 32 °C warme Milch mit dem Rührlöffel einrühren, danach die Milch sofort wieder zum Stillstand bringen (Labtablette in 1/3 Tasse lauwarmem Wasser auflösen oder Flüssiglab in der gleichen Menge Wasser verdünnen). Milch wieder ungefähr 1 Stunde warmhalten. Bei Milch ab Hof nur ca. 30 Minuten.

Warum Dicklegung?
Ziel der Dicklegung der Milch ist die Käsemasse oder der Bruch. Der Bruch oder die Käsemasse muß also von den flüssigen Teilen, der Molke, getrennt werden. Dazu ist in einem ersten Arbeitsschritt die Dicklegung

der Milch (Bruchbereitung) und in einem zweiten die Trennung von Bruch und Molke nötig.

4. Schritt: Bruchbereitung

(Schneiden der Dickmilch)
Die eingedickte Milch besteht zu etwa 90% aus Molke (Käsewasser) und nur zu ca. 10% aus Trockenmasse. Molke und Käsemasse (Bruch) müssen nun voneinander getrennt werden. Dies geschieht, indem die Dickmilch mit einem Dickmilchschneider (Käsegitter) in waagerecht liegende längliche Stäbchen geschnitten wird.
Die richtige Schneidetechnik ist folgende (Siehe Abb. Seite 54):

Bei Weichkäse:

Dickmilchschneider hochkant in die Hand nehmen, an der inneren Topfwand senkrecht nach unten gleiten und in dieser Stellung mit leichtem Druck die Dickmilch rasch in Richtung der gegenüberliegenden Topfwand schneiden (meist 3 Bahnen nebeneinander). Jetzt liegen lauter Milchstäbchen im Topf.

Bei Schnitt- und Hartkäsen:

Zunächst wie bei Weichkäse schneiden, dann zusätzlich sofort im Kreuz dazu (meist 3 Bahnen). Jetzt entstehen im Topf Würfelchen.
Der richtige Schneidezeitpunkt wird durch die Messerprobe bestimmt. Bei der Messerprobe wird ein Schnitt von oben her in die Dickmilch gemacht, dann die Klinge unterhalb des Schnittes quer gehalten und die Klinge dann nach oben gehoben. Die beiden Milchwände müssen jetzt stehen bleiben und dürfen nicht wieder zusammenlaufen. Sollte die Masse noch nicht fest genug sein, die Milch noch etwas stehen lassen.

Warum schneiden?

Durch das Schneiden der geronnenen Milchmasse sammelt sich die Molke in den Schnittstellen, da sie aus dem Bruch austritt.

5. Schritt: Trennung von Bruch und Molke

Die geschnittene Dickmilch 10 Minuten stehenlassen.

Warum Bruch und Molke separieren?

Um den Bruch als Ausgangsstoff für die Käseherstellung zu erhalten (durch die 10minütige Standzeit tritt weitere Molke aus dem Bruch aus).

6. Schritt: Gewinnung des Bruches

Ist die 10minütige Standzeit um, eine Schüssel mit einem größeren Käseleinen auslegen – das bis jetzt in heißem Wasser lag – und das Bruch-Molke-Gemisch vorsichtig einschöpfen. Danach jeweils zwei Ecken des Leinens in eine Hand nehmen und beidseitig auf- und abbewegen (ca. 2 Minuten, der Bruch rollt dabei im Tuch nach rechs und links).

7. Schritt: Füllen in die Käseformen

Nun kann der Bruch direkt mit einem Löffel in die mit einem feuchten kleinen Käseleinen ausgelegten gelochten Käseformen geschöpft werden. Die Formen können gut randvoll geschöpft werden, weil sich die Käsemasse nach dem Molkeaustritt noch stark setzt. Bruch nicht in die Form drücken! Die Formen werden am besten in kleine Schüsselchen gestellt, die öfters entleert werden müssen.

Hinweise:
Die Käseformen müssen während des Einfüllvorganges und beim anschließenden Abtropfen der Molke so stehen, daß die Molke sofort ungehindert auslaufen kann und der Käse keine „nassen Füße“ bekommt.
Sollen Käse gemacht werden, die Gewürze wie z.B. Kümmel, Walnüsse, grünen Pfeffer, Knoblauch usw. enthalten, so mischt man die Gewürze einfach unter den Bruch. Hierzu wird der Bruch zunächst in eine kleine Schüssel geschöpft, mit dem jeweiligen Gewürz vermischt und dann erst in die Formen gefüllt.

Wichtig:
Zutaten und Gewürze wie z.B. Walnüsse, grüner Pfeffer, Kümmel, Mandelsplitter, u.a. müssen vor dem Untermischen ca. 1 Min. lang abgekocht werden. Hierzu in einem kleinen Töpfchen ein bißchen Wasser erhitzen, Gewürze bzw. Zutaten zufügen. Dann über ein kleines Sieb abseihen.
Bei Knoblauch und Meerrettich ist eine Hitzebehandlung nicht erforderlich, da beide sehr scharfe ätherische Öle beinhalten, die selbst konservierend wirken. Grüne Garten- und Gewürzkräuter nicht unter die Käsemasse mengen, da die Gefahr einer Gärung besteht.

Warum Schöpfen in Käseformen?
Durch das Einschöpfen des Bruches in Käseformen läuft die überschüssige Molke ab, darüber hinaus erhält der Käse seine ansprechende Form. Besonders schöne Käselaibchen entstehen, wenn die im Handel erhältlichen Käsekummen (Käselaibformen) verwendet werden und der Weichkäse nach jeweils einigen Stunden – wenn er fest genug ist – mehrmals gewendet wird.
Einfüllen des Bruches erstmals nach ca. 15 Minuten, der dann gelegentlich noch einigemale gewendet wird.

8. Schritt: Austropfen des Weichkäses

Wenn die Käseformen gefüllt sind, wird das Käseleinen über die Käsemasse gefaltet, die dann bei normaler Zimmertemperatur zum Austropfen der Molke ungefähr 24 – 30 Stunden stehengelassen werden muß. Danach kann der Käse vorsichtig aus der Form genommen und ausgetucht werden.
Während der Austropfzeit den Käse 2 – 3 mal wenden, damit die Molke gleichmäßig abläuft und der Käse beidseitig rundgewölbt wird.

Warum austropfen?
Durch das Austropfen erhält der Käse die erforderliche Festigkeit (Konsistenz).

9. Schritt: Bad in der Salzlake

Nach dem Austropfen wird der Käse, je nach gewünschtem Geschmack, ca 1,5 Stunden in eine 15gewichtsprozentige Salzlake (Salzlösung) eingelegt. Dies gilt für Weichkäse aus 2 Litern Milch. Der schwimmende Käse sollte nach der Hälfte der Zeit gewendet werden, da er etwas aus der Lake ragt. Es ist auch möglich, den schwimmenden Käse mit einem kleinen Teller zu beschweren. Dann kann das Wenden entfallen.

Herstellung der Lake:
150 Gramm Salz in einen Meßbecher geben und mit kaltem Wasser bis zur Litermarke auffüllen – fertig.

Anmerkung:
Die Temperatur der Salzlake sollte bei Weich-, Schnitt- und Hartkäse um ca. 15 °C liegen. Diese Temperatur wird ungefähr erreicht, indem Leitungswasser benutzt wird. Dies hat im Normalfall ca. 10 – 15 °C, wenn es aus der Leitung kommt (2 °C plus oder minus schaden nicht). Wärmeres Wasser evtl. mit ein paar Eisstückchen herunterkühlen.

Warum den Käse salzbaden?

Damit der Käse eine gewisse Salzmenge aufnimmt. Das Salz verbessert den Geschmack, bewirkt eine größere Haltbarkeit und beeinflußt die Reifungsvorgänge positiv.
Ideal wäre es aus hygienischen Gründen, wenn die Salzlösung kurz aufgekocht würde, bevor sie dann wieder abgekühlt zum Salzbaden verwendet wird. Allerdings habe ich selbst immer nur mit nicht abgekochter Salzlösung gearbeitet. Bisher mit Erfolg.
Als Salz eignet sich jedes haushaltsübliche Salz, auch Jodsalz, von ungereinigtem Meersalz möchte ich aus hygienischen Gründen abraten.
Die Salzbadezeit ist abhängig von der Käsegröße. Ein Weichkäse aus 2 Litern Milch benötigt eine Salzbadezeit von ca. 1,5 Stunden, bei Gewürzeinschlüssen von Kümmel, Pfefferkörnern, Walnüssen eher etwas weniger, ca. 1 Stunde. Je kürzer die Salzbadezeit, desto weniger haltbar ist der Käse.

10. Schritt: Reifung der Weichkäse

Weichkäse läßt man je nach Sorte mehrere Tage bis maximal 1 Woche, Camembert ca. 2 Wochen, reifen. Hierzu muß der Käse bei einer, je nach Käseart, vorgeschriebenen Temperatur und relativen Luftfeuchtigkeit gelagert werden. Diese Bedingungen werden am ehesten für den Hobbykäser bei allen Weichkäsen, Ausnahme Camembert, im Kühlschrank erfüllt. Hier herrscht eine Temperatur von ca. 5 – 8 °C, was für die hausgemachten Weichkäse gerade richtig ist.

Warum Käsereifung?

Durch die Reifung erhält der Käse sein typisches Aussehen und seinen arttypischen Geschmack, da erst die biochemischen Prozesse bei der Reifung die Käseinhaltsstoffe verändern.
Für die Weichkäsereifung im Haushalt wird der aus dem Salzbad genommene nasse Käse in ein in das Salzwasser getauchte und nur leicht ausgedrückte Käseleinen doppelt eingewickelt. Jetzt auf ein kleines Tellerchen gesetzt und in die mittlere Zone des Kühlschrankes gestellt. Nicht ins Gemüsefach und nicht zu nah oben am Verdampfer. Nach jeweils 2 – 3 Tagen sollte der Käse einmal gewendet werden (Wasserausgleich). Das Reifen im salzfeuchten Tuch bringt mehrere Vorteile. Erstens kann der Käse atmen, zweitens trocknet das Leinen durch den hohen Salzgehalt nicht so rasch aus, und schließlich kann der Käse aus dem gleichen Grunde nicht schimmeln. Nach 4 – 5 Tagen ist der Weichkäse eßfertig.

Weichkäserezepte

Bei den folgenden Rezepten muß zunächst ein Weichkäse nach dem 10-Schritte-System hergestellt werden. Danach ist beschrieben, was außerdem zu beachten ist, um den gewünschten Käse zu erhalten.

Hinweise:
1. Für die Käsemasse aus 4 Litern Milch benötigt man 2 Käseförmchen mit je 500 ml Fassungsvermögen.
2. Wird bei einzelnen Weichkäserezepten neben der Vollmilch noch zusätzlich süße Sahne verwendet, so ist diese vor dem Erwärmen der Milch zuzugeben. Sahne kann bei allen Weichkäserezepten mitverwendet werden. Die Sahne macht den Käse noch cremiger und geschmackvoller. Bei Vollmilch ist die Zugabe von Sahne eigentlich nicht nötig; will man trotzdem Sahne zugeben, so sollten auf 4 Litern Milch maximal 200 ml zusätzlich zugegeben werden. Die Zugabe von Sahne verlängert die Labzeit wesentlich. Messerprobe immer durchführen, um den richtigen Schnittzeitpunkt zu ermitteln.
3. Möchte man größere Käsemengen herstellen oder auch nur die halbe Käsemenge machen, so müssen alle Zutaten linear erhöht oder vermindert werden.

Hochalmkäse

Was brauche ich?

4 Liter Vollmilch
150 ml Buttermilch
2 Labtabletten
etwas pulverisierter Schabziegerklee (Reformhaus)

Außerdem ist zu beachten:

Käse 3 Tage im Kühlschrank reifen lassen, dann herausnehmen, kurz in kaltes Wasser tauchen, abtropfen lassen und noch feucht im Klee wälzen. Danach noch 2 Tage im salzfeuchten Tuch im Kühlschrank weiterreifen.

Knoblauchkäse

Was brauche ich?

4 Liter Vollmilch
150 ml Buttermilch
2 Labtabletten
3/4 Knoblauchzehe
(nach Wunsch mehr)
1/2 Teel. Salz

Außerdem ist zu beachten:

Den mit Salz fein zerriebenen rohen Knoblauch mit etwas Molke oder lauwarmer Milch verrühren und vorsichtig unter die Käsemasse heben (keinen Brei rühren). Käse 5 – 6 Tage im Kühlschrank reifen lassen (Salzwassertuch).

Tip:
Dieser Käse kann auch gut in Olivenöl oder normales Speiseöl eingelegt werden. Er wird nach 4 Reifetagen in Würfel geschnitten und abwechselnd mit gewünschten Gewürzen in ein Schraubglas geschichtet. Alles mit Öl übergießen und 1 Woche dunkel und kühl stellen; dann ist er genußreif. Kühl und dunkel gelagert hält er mindestens 4 Wochen und eignet sich als Geschenk für Leute, die Selbstgemachtes schätzen.

Mozarella

Was brauche ich?

4 Liter Vollmilch
2 Labtabletten
6 Eßl. Buttermilch

Außerdem ist zu beachten:

- Milch auf 35 °C erwärmen, Labtabletten langsam auflösen und langsam einrühren, Milch 2 Stunden eindicken lassen.
- Salzbadezeit 1/2 Stunde.

Nach dem Austropfen und vor dem Salzbad wird der Käse in ein Käseleinen fest eingebunden und in einem Topf bei ca. 80 °C 45 Minuten gebrüht. Käse aus dem Heißbad nehmen, abkühlen lassen und 30 Minuten in ein Salzbad legen. Kann gleich gepreßt werden.

Italienischer Crescenza

Was brauche ich?

4 Liter Vollmilch
1 Becher süße Sahne (200 ml)
1 Becher frischer Joghurt (150 g)
2 Labtabletten

Zusätzlich ist zu beachten:

- Milch, Joghurt und Sahne auf 45 °C erwärmen.
- Die Salzbadezeit beträgt 2 Stunden.
- 5 – 6 Tage im Kühlschrank in einem Salzwassertuch reifen lassen.

Pfefferkäse

Was brauche ich?

4 Liter Vollmilch
150 ml Buttermilch
2 Labtabletten
3 Eßl. Cognac oder Armagnac bzw. dt. Weinbrand
geschroteter weißer oder schwarzer Pfeffer

Außerdem ist zu beachten:

- Milch auf 35 °C unter Rühren erwärmen
- Fertigen Käse aus dem Salzbad nehmen und noch naß in geschrotetem Pfeffer wälzen und Pfeffer mit Hand festdrücken.
- Reifung 4 – 5 Tage im salzfeuchten Tuch im Kühlschrank.

Hinweis:
Mozarella ist ein milder Weichkäse ohne viel Säure, der innerhalb weniger Tage verbraucht werden soll. Im Kühlschrank kann er in leicht gesalzener Molke (auf 1/2 Liter Molke 1 gestr. Eßl. Salz) etwas länger aufbewahrt werden.
Feinschmecker bestreuen ihn mit frischem Basilikum. Man kann ihn auch in eine würzige Marinade einlegen (z.B. Olivenöl mit Weinblättern, Anis und Wachholderbeeren).

Tip:
Am besten schmeckt Mozzarella mit Tomaten oder einer Mischung aus Olivenöl und einem Schuß Kräuteressig. Feinschmecker bestreuen ihn mit frischem Basilikum.
Man kann ihn auch in eine würzige Marinade einlegen (z.B. Olivenöl mit Weinblättern, Anis und Wachholderbeeren).

Kräuterkäse

Was brauche ich?

4 Liter Vollmilch
1 Becher süße Sahne (200 ml)
150 ml Buttermilch
2 Labtabletten
1 Knoblauchzehe
1 geh. Eßl. feingewiegte Kräuter

Außerdem ist zu beachten:

- Milch, Sahne und Buttermilch auf 33 °C erwärmen.
- Die Salzbadezeit beträgt 1,5 Stunden.
- Knoblauch mit Salz zerreiben und mit den Kräutern vermischen.
- Den aus dem Salzbad genommenen Käse naß in den Kräutern wälzen, sie fest andrücken und ihn dann 3 Tage im Salzwassertuch im Kühlschrank reifen lassen.

Weinkäse

Was brauche ich?

4 Liter Vollmilch
150 m. Buttermilch
2 Labtabletten
1/2 Liter Rotwein
10 Wachholderbeeren
2 Lorbeerblätter

Außerdem ist zu beachten:

- Den Käse 4 Tage im Kühlschrank reifen lassen.
- Dann den Käse in eine kleine Schüssel legen, Gewürze zugeben und alles mit Rotwein übergießen. 1 Tag bei 5 – 8 °C durchziehen lassen (Kühlschrank).

Hirtenkäse

Was brauche ich?

2 Liter Schafsmilch
2 Labtabletten
4 Eßl. Buttermilch

Außerdem ist zu beachten:

- Milch unter Rühren auf 30 °C erwärmen.
- Käse ungefähr 2 Tage bei Zimmertemperatur abtropfen lassen.
- Danach den Käse 2 Tage in eine Kümmel-Salz-Lake legen und kühl stellen (Kühlschrank).

Lakenherstellung:

500 ml Wasser, 1 Eßl. Salz und 1/2 Eßl. Kümmel in ein Gefäß geben, alles kurz aufkochen, erkalten lassen und über den Käse gießen.

Anmerkung (Hirtenkäse):
Mit Schafsmilch können praktisch alle Käsesorten hergestellt werden. Auch kann man Schafs- und Kuhmilch jederzeit mischen. Schafsmilchkäse braucht nicht so lange und so fest gepreßt zu werden. Eigene Erfahrungen sammeln!
Das Mischen verschiedener Milchsorten, auch in unterschiedlichem Mischungsverhältnis ergibt immer wieder neue Geschmacksrichtungen. Bei Schafsmilch wird ca. die doppelte Labmenge benötigt, er ist fetter, die Ausbeute ist größer, der Eißweißgehalt wesentlich höher.

Winzerkäse

Was brauche ich?

4 Liter Vollmilch
150 ml Dickmilch (Sauermilch)
2 Labtabletten
ca. 8 Weinblätter (frische oder in Salzlake eingelegt)
1 Tasse Weißwein

Außerdem ist zu beachten!

- Milch auf 36 °C erwärmen.
- Käse 2 Stunden im Salzbad lassen, herausnehmen und trocken tupfen.
- Ebenfalls über Nacht die Weinblätter in den Wein einlegen (frische vorher kurz in heißes Wasser legen).
- Am nächsten Morgen den Käse mit den abgetrockneten Weinblättern umwickeln, binden und 5 – 7 Tage im Kühlschrank reifen lassen.

Schichtkäse (Großmutterart)

Was brauche ich?

2 Liter Vollmilch
6 Eßl. Buttermilch
1 Labtablette
1/4 Liter dicke, saure Sahne
2 Teel. Salz

Außerdem ist zu beachten:

In eine Form wird ein Drittel des Bruches eingeschöpft und geglättet. Auf diese Schicht wird die Hälfte des Salzes gestreut und dann die Hälfte der saueren Sahne aufgetragen. Danach gibt man das zweite Drittel des Bruches darauf, das restliche Salz, hierauf den Rest der Sahne und zum Schluß das letzte Drittel des Bruches.
Die Form stellt man 2 Tage so auf, daß die Molke ungehindert abfließen kann und der Schichtkäse keine „nassen Füße" bekommt. Bereits dann kann der Käse verzehrt oder noch einige Tage im Kühlschrank gelagert werden.

Walnuß-Ziegenkäse

Was brauche ich?

2 Liter Ziegenmilch
1 Labtablette
4 Eßl. Dickmilch (Sauermilch)
Walnußblätter

Außerdem ist zu beachten:

- Milch unter Rühren auf 30 °C erwärmen.
- An einen warmen Ort stellen und mehrere Stunden (bis zu einem Tag) eindicken lassen (Gerinnungsprobe).
- Dann in der Form mehrmals gewendeten Käse kurz in Branntwein oder Weinbrand tauchen und mit Walnußblättern (kurz in heißes Wasser tauchen und abtropfen lassen) umwickeln und umbinden.
- Käse 1 Woche reifen lassen (Kühlschrank).

Walnußkäse

Was brauche ich?

4 Liter Vollmilch
1 Becher süße Sahne (200 ml)
150 ml Buttermilch
2 Labtabletten
10 gehackte Walnußkerne (überbrüht)

Außerdem ist zu beachten:

- Milch und Sahne auf 35 °C erwärmen
- Walnüsse unter den Bruch mischen
- 1 Stunde Salzbadezeit
- Reifung: in der Reifebox 1 Woche im Kühlschrank.

Blau- oder Grünschimmelkäse

Was brauche ich?

2 Liter Vollmilch
4 Eßl. Buttermilch
1 Labtablette
1 Stückchen Schimmelkäse mit viel Edelschimmel (Erbsengröße)

So wird's gemacht:

1. Milch unter Rühren auf 34 °C bringen, Buttermilch einrühren.
2. Labtablette auflösen, langsam mit dem Rührlöffel einrühren, Milch zum Stillstand bringen.
3. Topf 2 – 3 Stunden zugedeckt an einen warmen Ort stellen.
4. Dickmilch mit dem Dickmilchschneider in einer Richtung schneiden, 10 Minuten ruhenlassen.
5. Dickmilch vorsichtig auf ein feuchtes, sauberes Tuch schöpfen. Einen Teil der Molke ablaufen lassen (ca. 3 Minuten langsames Auf- und Abrollenlassen des Bruches im Tuch.
6. Edelpilzkäsestückchen in etwas Molke auflösen und vorsichtig unter die Käsemasse mengen, damit die Bruchstruktur nicht zerstört wird.
7. Den Bruch in die Form füllen, nicht festdrücken (zu diesem Zeitpunkt ist der Bruch sehr weich und enthält noch viel Molke).
8. Nach 1 Stunde (wenn der Käse nicht mehr auseinanderfällt) in der Form und im Tuch wenden.
9. Form 2 Tage bei Zimmertemperatur stehen- und abtropfen lassen, Käse mehrmals wenden.
10. Käse 2 Stunden in einer 15gewichtigsprozentigen Salzlösung baden, herausnehmen, abtrocknen lassen.
11. Käse mit einem ca. 2 mm starken Nagel, der in kochendem Wasser sterilisiert wurde, 15- bis 20mal von oben durchlöchern.
12. Käse in der Reifebox mehrere Wochen bei 6 bis 15 °C reifen lassen.

(siehe Reifebox S. 60)

Achtung!
Bei allen Edelpilzkäsen darf der Edelschimmel nur von einem gekauften Edelpilzkäse abgenommen werden.
Vom eigenerzeugten Käse bitte den Schimmel nie verwenden, da nicht hundertprozentig sicher ist, ob sich nicht schon Fremdschimmel eingenistet hat.

Camembert nach Art des Hauses

Was brauche ich?

2 Liter Vollmilch
8 Eßl. Buttermilch
Edelschimmelkultur (von einem gekauften Käse)
1 Labtablette
1 Becher süße Sahne (evtl. weglassen)

Außerdem ist zu beachten:

- Die Sahne in die Milch einrühren.
- Edelpilz abschaben, feinhacken; unmittelbar vor Labzugabe in die warme Milch einrühren oder unter die Bruchmasse mischen (beides ist möglich).
- Den Käse normal salzbaden.

Den Käse läßt man 10 – 12 Tage bei etwas kühlerer Temperatur (12 – 15 °C) in der Reifebox reifen. Während der Reifezeit alle 4 Tage wenden.

Hinweis:
Der Camembert-Schimmel erscheint normalerweise nach 4 – 6 Tagen. Er überzieht den Käse gleichmäßig mit einem zarten Flaum.
Erscheint der Schimmel nicht, was in seltenen Fällen einmal vorkommen kann, liegt die Ursache meist an einer zu alten Pilzkultur. Der Käse ist dann nach der Reifezeit trotzdem genießbar, sofern keine anderen Fremdschimmel (grüne, schwarze, graue, rote) gewachsen sind. Bei normalem Verlauf der Edelpilzentwicklung haben diese Schimmel jedoch kaum eine Chance.

Wichtig:
Bei Einsatz von 500 ml fassenden Käseformen die Käsemasse aus 2 Litern Milch auf 2 Formen verteilen.
Grund:
Alle Camembertkäse dürfen nur flach sein, sonst reifen sie zu langsam durch (alle Weichkäse reifen von außen nach innen).

Käse nach Gorgonzolaart

Was brauche ich?

2 Liter Magermilch (entrahmte Milch od. Vollmilch)
6 Eßl. Buttermilch
1 Labtablette
1 kl. Stückchen Gorgonzola (mit viel Schimmel)

So wird's gemacht!

1. Milch unter Rühren auf 36°C erwärmen.
2. Labtablette auflösen und unterrühren.
3. Topf zudecken und 3 – 4 Stunden warmstellen.
4. Masse vorsichtig in ein Sieb oder Tuch schöpfen, abtropfen lassen.
5. Edelpilzkäsestückchen in etwas Molke verrühren, unter die Masse mischen.
6. Käsemasse in die Form schöpfen; bei Zimmertemp. Molke 2 Tage ablaufen lassen, Käse mehrmals wenden.
7. Käse 3 Stunden in 15gewichtsprozentige Salzlösung legen, herausnehmen, 3 Std. abtrocknen lassen.
8. Mit einem sterilisierten 2 – 3 mm starken Nagel 15 – 20 Löcher bohren (damit der Edelpilz Luft bekommt).
9. Käse ungefähr 4 Wochen in der Reifebox bei 6 – 9°C reifen lassen.
10. Wöchentlich 1 x wenden (saubere Hände beachten).

Harzer Kümmelkochkäse

Was brauche ich?

500g Joghurt-Lab-Quark
250 g gereifter Sauermilchkäse (Harzer, Handkäse, Korbkäse)
50g Butter
1 Teel. Natron
1 Teel. Salz
2 Teel. Kümmel
3 Eßl. süße Sahne
2 Eigelb, schwarzer Pfeffer

So wird's gemacht!

1. Sauermilchkäse in kleine Würfel schneiden.
2. Butter schmelzen lassen.
3. Quark in einem Tuch austropfen lassen.
4. Nach und nach kl. Portionen der ausgelassenen Butter zurühren und langsam zum Kochen bringen.
5. Käsewürfel langsam einstreuen; laufend umrühren.
6. Ist der Käse geschmolzen, Natron und Prise Salz zugeben. Topf vom Herd nehmen, da die Masse stark schäumt.
7. Ist die Mischung glatt, mit Salz, Pfeffer, Kümmel würzen.
8. Eigelb mit Sahne verquirlen, in den Käse (nicht mehr kochend) einrühren.
9. Käse schnell in kl. Töpfchen füllen; nach Abkühlung im Kühlschrank aufbewahren. Käse in wenigen Tagen verbrauchen.

Sauermilchkäse (Harzer, Handkäse, Korbkäse, Spitzkäse)

Was brauche ich?

1 kg Magerquark (aus magerer Sauermilch, selbstgemacht)
20 g Salz
1 Teel. Natron
2 Teel. Kümmel

So wird's gemacht:

1. Den 3 Tage abgetropften Quark mit Salz, Kümmel und Natron sehr gut vermengen (Rührgerät).
2. Zu kleinen flachen Käsen formen (von Hand) oder fest in kleine Formen drücken. Falls Formen benutzt werden, Käse gleich wieder aus der Form klopfen.
3. Die Käse werden nicht salzgebadet.
4. Reifung: auf sauberen, trockenen und luftigen Unterlagen (z.B. engen Holzrosten, mit Gaze bespannten Holzrahmen) bei 15 – 18 °C 7 – 10 Tage. Käse regelmäßig wenden und die evtl. feuchte Unterlage durch eine trockene ersetzen.

Anmerkungen:
1. Sauermilchkäse kann zu Beginn der Reifung etwas schwitzen, trocknet aber nach wenigen Tagen wieder von selbst.
2. Ein besonders exzellentes Aroma bekommt der Käse, wenn er zu Beginn der Reifung mit der Schmiereschicht von z.B. Romadur oder Limburger überpinselt wird. Hierzu mit einem Messer die Schmiere von einem gekauften Käse abnehmen, in wenig warmem Wasser auflösen und mit einem Pinsel über die Käschen verteilen. Das kann auch mit Camembert-Pilzkultur gemacht werden.
3. Sauermilchkäse ist mehrere Wochen lang haltbar.

Hinweis:
Wenn der Käse beim Reifen auseinanderläuft, liegt dies daran, daß der Quark noch zu viel Molke enthält. Den Quark also noch etwas trockener zu Käschen formen, fest zusammendrücken, keine Lufteinschlüsse.

Kochkäse nach Großmutterart

Was brauche ich?

500 g mageren Sauermilchquark (aus eigener Produktion oder gekauften Magerquark)
50 g weiche Butter
2 Tassen Buttermilch oder Milch
1 Teel. Natron
1 Teel. Salz
2 Teel. Kümmel (5 Minuten in heißem Wasser weich werden lassen)
etwas frisch gemahlener Pfeffer

So wird's gemacht:

1. Den 3 Tage abgetropften Sauermilch-Magerquark mit Salz und Natron vermengen (Quark muß völlig trocken und bröselig sein!).
2. Flach in einer Schüssel ausbreiten und 3 Tage in einen warmen Raum (Küche) zum Reifen stellen. Quark täglich wenden, immer zudecken.
3. Wenn der Quark gelblich und glasig geworden ist, Käsegeruch und einen faden (nicht mehr sauren) Geschmack aufweist, ist er reif zur Weiterverarbeitung.
4. Butter in einem Topf zergehen lassen, gereiften Quark zerschneiden, zugeben und bei schwacher Hitze unter Rühren bis kurz vor dem Kochen erhitzen, ca 15 Minuten bei dieser Temperatur halten und immer tüchtig rühren, da die Masse leicht anbrennt (evtl. Topf in ein Wasserbad stellen). Zwischendurch immer etwas Milch zurühren.
5. Wenn die Masse glattgerührt ist, mit Pfeffer und Kümmel würzen.
6. Käse unter Rühren langsam erkalten lassen und in kleine Steinguttöpfchen füllen, solange er noch dickflüssig ist. Im Kühlschrank hält sich der Käse gut 2 Wochen.

Wichtig:
Dieser Käse gelingt nur, wenn der Quark vollkommen trocken und krümelig ist. Es ist darauf zu achten, daß Salz und Natron mit dem trockenen Quark sehr gut vermengt werden (evtl. elektrisches Rührgerät verwenden), so daß jeder Quarkkrümel mit Salz und Natron in Berührung kommt.

Ein Kochkäse auf die Schnelle

Was brauche ich?

200 g Harzer (selbstgemacht oder gekauft)
100 g Schmelzkäse (gekauft)
200 g Margarine
1 kleine Dosenmilch
1 saure Sahne (150 g)
10 g Salz
1 Teel. Kümmel
etwas Pfeffer
1 Messerspitze Natron

So wird's gemacht:

Margarine zerlassen, Harzer klein würfeln und zur geschmolzenen Margarine geben und alles glattrühren. Dosenmilch, saure Sahne und Schmelzkäse zufügen, alles schmelzen lassen, Natron, Salz, Pfeffer, Kümmel und eventuell noch andere Gewürze zufügen, immer rühren.
Noch heiß in ein Steingutgefäß füllen, erkalten lassen.

Tip:
Die Konsistenz des Kochkäses ist abhängig von der Menge der zugegebenen Milch. Möchte man den Kochkäse streichfähig, ist einfach die Milchmenge zu erhöhen. Es ist auch möglich, zusätzlich süße Sahne unterzurühren.

Und zum Schluß ein Rezept aus Großmutters Kochbuch:

Rahmkäse

„Man gibt in frische, auf 33 °C ewärmte Hofmilch zu je 2 Litern Milch eine aufgelöste kleine Labtablette unter Umrühren, deckt die Milch zu, damit sie annähernd die Temperatur behält, und läßt sie ruhig stehen. Nach 3 – Stunden ist die Milch dick. Man prüft die geronnene Milch (Bruch) mit dem Finger, er soll sich über den Finger glatt teilen, die Molke sich klar abschneiden. Der Bruch wird nicht zerkleinert. Die oberste Schicht wird mit flachem Schöpflöffel nach der Mitte zu umgelegt, damit der Rahm (Sahne) eingeschlossen wird. Man schöpft den Bruch sorgfältig in flachen Schichten auf ein mit einem Tuch belegtes Sieb, befördert durch Heben des Tuches vom Rande her das Ablaufen der Molke. Ist sie ziemlich abgelaufen, dann schöpft man den Bruch in eine Käseform (Keramikform). Nach 4 Stunden ist die Molke vollends abgetropft, nun stürzt man den Käse vorsichtig auf ein Brettchen, läßt aber die Form darübergestülpt.

Am 2. Tag wird die Form entfernt, der Käse auf eine Strohmatte gelegt und gesalzen. Man rechnet mit 2 – 3 %, bestreicht damit die Oberseite und die Seiten mit der Hälfte des Salzes und wiederholt dasselbe am 3. Tag, nachdem man den Käse gewendet hat. Nun ist der Käse kühl (10 – 15 °C), luftig, bei täglichem Wenden auf frischer Matte zu lagern. Nach 8 Tagen genügt es, den Käse alle 2 – 3 Tage zu wenden. Scheint der Käse zu trocknen, so wird er mit einem in Salzwasser angefeuchteten Tüchlein zeitweise bedeckt. Der Rahmkäse kann frisch oder nach 3- bis 4wöchigem Reifen gegessen werden."

Tip:
Die Käsemasse für Weichkäse wie z.B. für Knoblauchkäse, Kümmelkäse, Pfefferkäse eignen sich frisch vorzüglich als Dessert. Mit Zucker, Ahornsirup, Waldhonig, Rübensirup usw. genossen – einfach prima.

Wie wird aus Milch Schnitt- und Hartkäse?

Schnitt- und Hartkäse sind Käse, die sich von Frisch- und Weichkäse durch einen noch geringeren Wassergehalt unterscheiden. Sie müssen mehr oder weniger stark und lange gepreßt werden, um die gewünschte Festigkeit zu erhalten. Schnittkäse hat einen Trockenmassegehalt zwischen 49 und 57%. Er ist etwas weicher und saftiger als ein Hartkäse. Bekannte Vertreter des Schnittkäses sind z.B. Tilsiter, Gouda, Edamer und Trappistenkäse. Hartkäse haben einen Trockenmassegehalt von mindestens 60%. Sie enthalten noch weniger Wasser und brauchen von allen Käsesorten die längste Reifezeit. Sie zeichnen sich durch einen ausgeprägten, edlen Geschmack aus und sind, wenn sie vor

Austrocknung geschützt werden, sehr lange lagerfähig („Alter Käse und alter Wein sind sympathische Tischgenossen!"). Die bekanntesten Hartkäse sind Emmentaler, Bergkäse, Chester und Parmesan.
Um es gleich vorweg zu sagen: Diese Originalkäse können Sie zu Hause nicht herstellen. Zu vielfältig wären hierzu die Voraussetzungen wie z.B. gebietstypische Milchzusammensetzung, technische Einrichtungen und spezielle Bakterienkulturen. Es ist aber möglich, gute hausgemachte Schnitt- und Hartkäse zuzubereiten, die sich mindestens genausogut sehen und schmecken lassen können.

Da die Schnitt- und Hartkäsebereitung etwas arbeitsaufwendiger als die Frisch- und Weichkäseproduktion ist, wird hier von einer zu verkäsenden Milchmenge von ca. 3,5 Litern ausgegangen. Man erhält hieraus ungefähr 350 Gramm Käse. Der noch Molke enthaltende Bruch aus dieser Milchmenge paßt gerade in die meisten vom Fachhandel vertriebenen Käseformen, die ca. 500 g bzw. 500 ml fassen.
Es empfiehlt sich jedoch, mit 2 Formen zu arbeiten, so daß 7 Liter Milch verkäst werden müssen. Natürlich können die Rezeptmengen auch halbiert werden.

10 Schritte zum Schnitt- oder Hartkäse

1. Schritt: Erwärmung der Milch

7 Liter Milch unter ständigem Rühren auf 35 °C erwärmen (Schafs- und Ziegenmilch auf 30 °C).

Warum wird die Milch erwärmt?
Siehe Weichkäsezubereitung, S. 39.

2. Schritt: Zugabe der Starterkultur

Der angewärmten Milch 200 ml Butter- oder Sauermilch (Dickmilch) zufügen und verrühren. Topf zudecken und 1 Stunde an einen warmen Ort stellen (Heizraum, Kochkiste, in Decke einschlagen), so daß sie möglichst nicht abkühlt. (Nach meinen Erfahrungen hat eine auf 35 °C erwärmte Milch nach 1 Stunde – warmer Standplatz vorausgesetzt – noch eine Temperatur von 33 °C).

Warum Zugabe der Starterkultur?
Siehe Weichkäsezubereitung, S. 39.

3. Schritt: Dicklegung der Milch mit Lab

Wenn erforderlich, die Milch nach dieser 1stündigen Säuerungszeit wieder auf 32 °C erwärmen (Schafs- und Ziegenmilch 30 °C) und 3 in 1/3 Tasse lauwarmem Wasser aufgelöste Labtabletten langsam einrühren (oder die entsprechende Menge in Wasser verdünntes Flüssiglab). Topf abdecken und wieder 1 1/2 Stunden warm stellen. (Milch ab Hof nur ca. 30 Minuten (Messerprobe).

Warum Dicklegung der Milch?
Siehe Weichkäsezubereitung, S. 39.

4. Schritt: Schneiden der Dickmilch

Ist die Milch eingedickt (siehe Abb. der Gerinnungsprobe zur Bestimmung des Bearbeitungsbeginnes Seite 54 oben links), werden Würfel von ungefähr 1 cm Kantenlänge geschnitten. Dies geschieht mit einem Dickmilchschneider (Käsegitter, s. Abb. S. 54 oben rechts). Zum Schneiden der Dickmilch nimmt man den Dickmilchschneider hochkant zwischen Daumen und zwei Finger (s. Abb.) und fährt an der inneren Topfwand bis

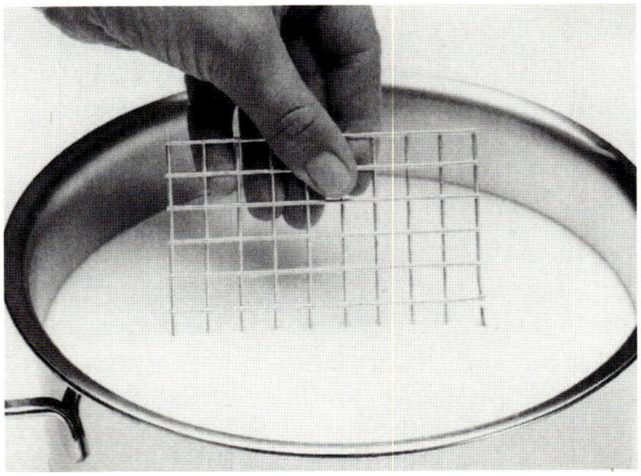

auf den Topfboden nach unten. Jetzt wird der Dickmilchschneider mit leichtem Druck (immer senkrecht halten!) zu der gegenüberliegenden Topfwand hin bewegt. Mit 3 Bahnen nebeneinander je nach Topfgröße dürfte die Milch in „liegende Stäbchen" geschnitten sein. Danach wird im Kreuz dazu geschnitten, so daß lauter 1 cm große Würfel entstehen – fertig.

Warum muß die Dickmilch geschnitten werden?
Siehe Weichkäsezubereitung, S. 39 und 40.

5. Schritt: Erhitzen des Bruches (Brennen)

Dieser Arbeitsgang ist nur bei der Schnitt- und Hartkäseherstellung notwendig.
Bei Schnitt- und Hartkäse muß der Bruch oder die Käsemasse zusätzlich noch erhitzt oder „gebrannt" werden. Hierunter ist ein Nachwärmen des Bruches auf 45 – 50 °C zu verstehen.
Zum Brennen muß man unter ständigem vorsichtigem Rühren ganz langsam den Topfinhalt auf 45 – 50 °C erhitzen. Jetzt Topf von Platte ziehen. Während der folgenden 30 Minuten mit dem Rührlöffel alles ab und zu durchrühren, damit die Bruchkörner nicht zusammenkleben. Die Temperatur von 45 – 50 °C ist während dieser halben Stunde zu halten.

Hinweis:
Nach dem Brennen sollte der Bruch eine matte, leicht gelbliche Farbe aufweisen. Wenn er noch glänzend ist, sollte er noch einige Minuten in der Molke stehenbleiben und evtl. durch Zugabe von warmem Wasser etwas nachgewärmt werden.

Warum muß der Bruch gebrannt (nachgewärmt) werden?
Das Bruchwaschen hat den Zweck, daß die Bruchkörner schrumpfen und mehr Molke als bei Weichkäse austritt.
Hierdurch wird eine Verfestigung des Bruches erreicht und damit die Voraussetzung für die Festigkeit und Haltbarkeit der Schnitt- und Hartkäse geschaffen.

6. Schritt: Weitere Behandlung des Bruches und Füllen in Käseformen

Nach dem Brennen wird der Bruch (Käsemasse) ganz vorsichtig auf ein Küchensieb geschöpft, das mit einem feuchten, sauberen Käseleinen ausgeschlagen wurde. Danach nimmt man je 2 Zipfel des Tuches in jede Hand und läßt den Bruch unter Auf- und Niederbewegen der Hände im Tuch auf- und abrollen, so daß der größte Teil der Molke schnell ablaufen kann. Wenn möglichst viel Molke abgelaufen ist (nach ungefähr 1 Minute), wird der Bruch in die stabilen Formen gefüllt und sehr fest eingedrückt. Die Formen müssen mit einem kleinen, ebenfalls feuchten Käsetuch ausgeschlagen und möglichst heiß sein (am besten liegen die Formen bzw. die Tücher bis zum Gebrauch in heißem Wasser). Das Füllen der Formen sollte sehr rasch gehen, damit der Bruch möglichst wenig abkühlt. Die Bruchmasse mit dem Löffelboden insbesondere am inneren Formenrand immer sehr fest andrücken, damit in den Randzonen des Käses keine unerwünschten Hohlräume entstehen. Dabei das Käseleinen immer fest nach oben straffen. Nach dem Einfüllen und Festdrücken des Käsebruches werden die Enden des Käsetuches möglichst faltenfrei über dem Bruch zusammengelegt und der Innendeckel aufgesetzt.

Warum Schöpfen in vorgewärmte Käselaibformen?

Durch das Einschöpfen der Bruchmasse in die Käseform erhält der Käse seine spätere Laibform und (durch das Tuch) eine geschlossene Oberfläche. Das starke Erwärmen der Formen ist erforderlich, damit sich die Randzonen des Käselaibes durch die Wärmereserve der Form besser schließen können, weil der Bruch an dieser Stelle etwas plastischer wird. Eine geschlossene Rindenschicht beim Käse ist Voraussetzung dafür, daß keine Schimmelpilze und andere unerwünschten Mikroben eindringen können.

7. Schritt: Pressen

Wenn Schnitt- und Hartkäse hergestellt werden sollen, ist es nicht, wie bei Weichkäse, ausreichend, den Bruch in Formen zu schöpfen und abtropfen zu lassen. Diese Käse müssen gepreßt werden, um die erforderliche Festigkeit und Haltbarkeit zu erreichen. Preßdruck und Preßdauer sind bei Schnitt- und Hartkäse etwas unterschiedlich, aber auch innerhalb der Schnitt- und Hartkäsegruppen kann er verschieden sein. Es können hier also nur ungefähre Angaben gemacht werden, die durch eigene Erfahrungen ergänzt werden sollten.

Wichtig ist – ganz gleich welche Preßvorrichtung benutzt wird –, mit einem geringen Preßdruck zu beginnen. In der Praxis macht man es so, daß man den Käse anfangs 2 Stunden lang mit einem Gewicht von ungefähr 3 kg je kg Käsemasse preßt. Für kleine Käseformen mit weniger als 1 kg Füllgewicht gelten ebenfalls 3 kg Preßdruck. Grundsätzlich kann gesagt werden, daß ein zu starker Preßdruck zu Beginn des Pressens die Käseoberfläche zu stark verdichtet und hierdurch das notwendige Auslaufen der Molke sehr erschwert wird. Nach ungefähr 2 Stunden werden sowohl Schnitt- als auch Hartkäse in der Form und im Tuch gewendet und, je nachdem ob es sich um Schnitt- oder Hartkäse handelt, unterschiedlich stark und lange weitergepreßt. Diese Käse werden öfter in der Form, aber auch innerhalb des Tuches gewendet und möglichst faltenfrei wieder eingewickelt.

Bei Schnittkäse

wird nach dem Wenden mit einem ungefähren Preßdruck von 6 kg bei Käselaibchen bis 1 kg Gewicht gearbeitet. Für schwerere

Laibe gilt pro kg Käsegewicht jeweils 6 kg Preßdruck. Die Preßzeit beträgt ungefähr 12 – 18 Stunden, je nachdem wie fest man den Schnittkäse haben möchte.

Bei Hartkäse
wird ebenfalls vorgepreßt, gewendet und mit ungefähr 15 kg pro kg Käsegewicht (auch bei Käsen von weniger als 1 kg) weitergepreßt. Die Preßdauer bei Hartkäse kann von 24 – 48 Stunden reichen, je nach Feuchtegehalt des Bruches und gewünschter Konsistenz des Käses. Am besten wird hier etwas experimentiert, um die eigenen Vorstellungen verwirklichen zu können.
Bei Verwendung dieser nach dem Hebelgesetz funktionierenden Pressen muß beachtet werden, daß die angehängten Gewichte nur ein Drittel der angegebenen Preßgewichte betragen müssen, da diese mit Hilfe des Hebelarmes verdreifacht werden (siehe Abb.).
Hierzu ein Beispiel: Der Anfangspreßdruck soll bekanntlich 3 kg betragen. Hierzu hängt man ein 1-kg-Gewicht in die äußere Kerbe des Hebelarmes. Der tatsächliche Druck auf den Käse beträgt jetzt 3 kg.
Während der gesamten Preßdauer muß unter der gelochten Preßform ein Molkeauffanggefäß stehen, damit die Holzpresse nicht naß wird, da sich im durch die Molke aufgewichten Holz viele Bakterien halten können, die einen permanenten Infektionsherd darstellen.
Wie schon an anderer Stelle erwähnt, genügt es nicht, auf den Deckel der Käseformen das entsprechende Gewicht zu stellen. Schon geringfügige Gewichtsverschiebungen genügen, daß das Gewicht herunterfällt bzw. der Käse schief gepreßt wird. Es muß also eine Käsepreßvorrichtung benutzt werden, deren Preßstempel in einer Führung läuft. Mit etwas Geschick kann man sich eine solche Preßvorrichtung selber bauen.
Beim Pressen ist schließlich noch darauf zu achten, daß der Käse nicht zu stark gepreßt wird, weil sonst die Käsemasse in die Tuchporen derart gedrückt wird, daß beim Austuchen des Käses kleine Stücke aus den Rand-

Anmerkung:
Beim erstmaligen Wenden des Käses im Tuch müssen die oberen Preßränder mit dem Messer vorsichtig abgeschnitten werden. Sie entstehen, weil der Innendeckel der Käseform im Durchmesser einige Millimeter kleiner ist als die lichte obere Weite der Käseform selbst. Durch den Preßdruck wird deshalb der Käse bzw. das Käsetuch zwischen Deckel und Formwandung gedrückt.

schichten herausgerissen werden können. Kommt so etwas vor, so kann dies aber auch einem zu wäßrig eingefüllten Bruch liegen. Nach dem Pressen soll der Käse in jedem Fall fest, aber noch elastisch sein. Die Oberfläche ist bei richtig gepreßtem Käse nach dem Austuchen geschlossen.

Warum muß Schnitt- und Hartkäse gepreßt werden?

Ziel des Pressens ist der Austritt der Molke und damit die Zunahme der Trockensubstanz, die Formgebung des Käses und die Verdichtung der Außenhaut des Käses, um das Eindringen von unerwünschten Mikroben unmöglich zu machen. Durch die Absenkung des Wassergehalts im Käselaib wird auch erst die Haltbarkeit ermöglicht.

Wichtig:
Alle Käse immer nur bei Zimmertemperatur (20 – 22 °C) pressen, weil sich dann der Käse besser verdichtet.

Tip:
Es ist auch gut möglich, gleichzeitig 2 Formen übereinander unter die Presse zu stellen; sie wird so rationeller ausgenutzt. Daß Preßgewicht muß nicht erhöht werden, beide Käse erhalten trotzdem den gleichen Preßdruck. Zu beachten ist nur, daß auf den Innendeckel der unteren Form eine kleine Scheibe aus Holz oder lebensmittelechtem Kunststoff gelegt wird, damit die obere Form sicher steht. Bei 2 Formen ist der Preßstempel entsprechend höher zu setzen.

8. Schritt: Bad in der Salzlake

Ist die Preßzeit um, wird der Käse behutsam aus dem Tuch genommen, dabei das Tuch vorsichtig vom Käse abgezogen (ausgetucht!) und danach ca. 5 – 10 Stunden in eine 20gewichtsprozentige Salzlösung eingelegt. Diese Salzbaddauer gilt für Käse von 200 – 500 g Gewicht.(Die haushaltsüblichen Käseformen fassen ungefähr 500 g Käsebruch). Kleinere und größere Käse benötigen dann natürlich eine entsprechend kürzere bzw. längere Salzbaddauer (s. Tabelle). Bei Halbzeit Käse wenden, da er schwimmt und etwas aus der Lösung ragt, oder beschweren.

Zubereitung der Salzlake:

200 g Kochsalz in einen Meßbecher geben und bis zur Litermarke mit kalten Wasser auffüllen (Salzbadtemperatur ca. 15 °C).

Warum muß Schnitt- und Hartkäse „gebadet" werden?

Das Salz soll dem Käse weitere Molke entziehen (hygroskopische Wirkung). Daneben wird durch das Salz die Rinde oder Käsehaut gebildet und verfestigt. Schließlich hat das Salz einen Einfluß auf Geschmack, Reifung und Haltbarkeit.

Ungefähre Salzzeiten in Std.	Käsegewicht
3	bis 200 g
5 – 10	200 – 500 g
12 – 20	500 – 1000 g
22 – 30	1100 – 2000 g
30 – 35	2100 – 3000 g
35 – 40	3100 – 5000 g
50 – 70	über 5000 – 10000 g

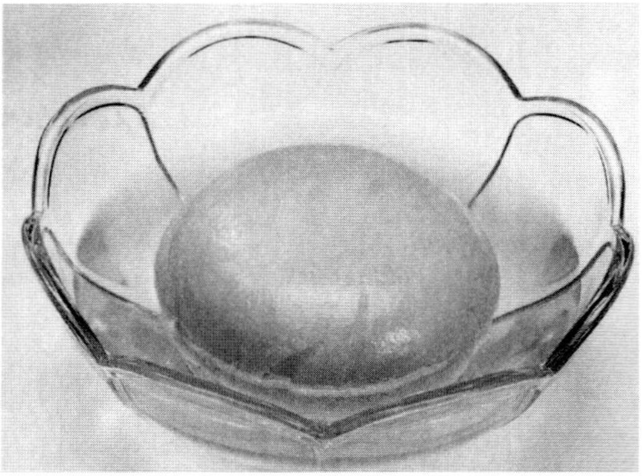

9. Schritt: Trocknen des Käses

Ist die Salzzeit um, wird der Käse aus der Salzlake genommen und zum Abtrocknen auf eine saubere Unterlage gesetzt, die auch von unten Luft an den Käse läßt (z.B. Kuchengitter, Holzrost).
Nach ungefähr 4 Stunden (je nach Feuchtigkeitsgehalt der Luft) ist der Käse bei Zimmertemperatur abgetrocknet und kann anschließend in die Reifebox gegeben werden.

Warum soll der Käse nach dem Salzbad kurz abtrocknen?

Die abgetrocknete Käseoberfläche begünstigt die Rindenbildung und hemmt die Vermehrung von Bakterien.

10. Schritt: Reifung

Schnitt- und Hartkäse müssen, um ihren Genußwert zu erreichen, mehrere Wochen reifen (siehe auch: So einfach ist die Käsereifung, S. 64). Während dieser Reifezeit muß der Käse ständig überwacht und, wenn nötig, „gepflegt“ werden. In der Praxis sieht das so aus, daß der Käse während der ersten 2 Wochen alle 2 Tage gewendet und bei geringstem Anzeichen von Schimmel mit einem in starker Salzlösung getränkten Tuch gut abgerieben wird. Es darf sich auf der Käseoberfläche niemals ein grauer, grüner, schwarzer oder rötlicher Schimmel bilden. Ab der dritten Woche genügt es, den Käse wöchentlich nur noch 1- bis 2mal zu wenden und, wenn nötig, abzuwischen. Schnitt- und Hartkäse brauchen eine Reifezeit von mehreren Wochen.

Warum Käsereifung?

Siehe Weichkäsezubereitung, S. 39.
Tip: Gibt man in das Salzwasser zum Abwaschen des Käses noch einen Schuß Essig, so wird ein evtl. Pilzwachstum noch besser verhindert. Ganz ideal wäre Räuchern der Schnitt- und Hartkäse. In diesem Falle entfällt die weitere Schnitt- und Hartkäsepflege. mehr darüber im Kapitel „Käse räuchern – einfach praktisch und delikat“ auf Seite 64.

Schnitt- und Hartkäserezepte

Bei den folgenden Rezepten muß zunächst ein Schnitt- bzw. Hartkäse nach dem 10-Schritte-System hergestellt werden. Danach ist beschrieben, was außerdem zu beachten ist, um den gewünschten Käse zu erhalten.
Hinweise: Die Menge von 7 Litern Milch wurde deshalb gewählt, weil sich hieraus die Käsemasse bildet, die 2 Formen mit jeweils 500 ml füllt. Natürlich können alle Zutatenangaben halbiert und nur 1 Form gefüllt werden.
Auch hat es sich bewährt, bei Schnitt- und Hartkäse eine größere ca. 1500 ml fassende Form zu verwenden. Sie faßt die Käsemasse aus ca. 10 Litern Milch. Die Buttermilchmenge ist dann die gleiche wie für 7 Liter Milch, die Labmenge wird dann auf 4 Tabletten erhöht.

Halbfester Rahm-Schnittkäse

Was brauche ich?

7 Liter Volmilch
200 ml süße Sahne (28% Fett)
200 ml Sauermilch
3 Labtabletten

Außerdem ist zu beachten:

Dieser Käse soll nur mit einem Vorpreßgewicht von 3 kg 10 – 15 Stunden gepreßt werden. Die Sahne wird der Milch am Anfang zugegeben. Salzbaddauer: siehe Seite 57.

Schmalz-Schnittkäse

Was brauche ich?

7 Liter Vollmilch
200 ml Buttermilch
3 Labtabletten
15 g Salz
1 Teel. Schmalz

Außerdem ist zu beachten:

- Das Salz unter den Bruch mischen, Salzbad entfällt.
- Den Käse dreimal 15 Min. mit 3 kg pressen, dazwischen zweimal im Tuch und in der Form wenden.
- Dann den Käse mit 6 kg weitere 8 – 10 Std. pressen, auswickeln, 2 Std. abtrocknen lassen, mit Schmalz kräftig einreiben, in ein Tuch wickeln, alle 2 Tage wenden. Reifung: In kühlen Raum (ca. 10 – 12 °C) mehrere Wochen.

Schnittkäse nach Edamer Art

Was brauche ich?

7 Liter Vollmilch
200 ml Buttermilch
3 Labtabletten

Außerdem ist zu beachten:

- Salzbaddauer: siehe Seite 57.
- 2 Stunden vorpressen mit 6 kg vorpressen, wenden und noch weitere 20 Stunden mit 12 kg pressen.
- Bei ca. 10 – 15 °C Reifung mehrere Wochen in der Reifebox, öfter nach Vorschrift wenden.

Hinweis (Rahm-Schnittkäse):
Bei Verwendung von 3,5%iger Vollmilch zur Käsebereitung entstehen Rahmkäse mit ca. 50% Fett i. Tr. Wer ihn noch cremiger und fett und somit schmackhafter möchte, kann der Vollmilch vor dem Erwärmen noch etwas Schlagsahne zugeben (ca. 200 ml auf 7 Liter Milch).
In diesem Falle entsteht dann ein Doppelrahmkäse mit ungefähr 60% Fett i. Tr. Diese Vorgehensweise ist auch bei allen Frisch- und Weichkäsen möglich. Bei allen übrigen Schnitt- und Hartkäsen wird keine zusätzliche Sahne genommen, weil dann die Käse nicht die erwünschte Festigkeit erhalten.

Hartkäse nach Chester Art

Was brauche ich?

7 Liter Vollmilch
200 ml Dickmilch (Sauermilch)
3 Labtabletten
10 g Salz

Außerdem ist zu beachten:

- Außer dem 5stündigen Salzbad wird dem Bruch noch das Salz zugemischt.
- 2 Stunden vorpressen (mit 6 kg), wenden und weitere 48 Stunden mit 15 kg pressen. 2 mal wenden.
- Reifung: 4 – 6 Wochen bei 10 – 15 °C in der Reifebox.

Salzlaken-Käse

Was brauche ich?

7 Liter Vollmilch
200 ml Buttermilch
3 Labtabletten
100 – 150 g Salz

Außerdem ist zu beachten:

Dieser Käse kommt nach dem Pressen nicht in ein Salzbad, sondern wird direkt in eine 10gewichtsprozentige Salzlake zur Aufbewahrung und Konservierung gelegt. Der Käse macht so keine Reifung durch, er wird nur konserviert. Er kann schon nach einigen Tagen gegessen, aber auch länger in der Lake aufbewahrt werden.

Tip (Salzlaken-Käse):
Die Lake kann noch mit Wacholderbeeren bzw. -zweigen oder mit Kümmel aromatisiert werden. In diesem Falle wird die Salzlösung mit den Wacholderbeeren bzw. dem Kümmel kurz aufgekocht, wieder abgekühlt und dann über den in einem Einmachglas oder Steingutgefäß befindlichen Käse geschüttet.
Den Käse mit einer Untertasse beschweren, da er sonst aus der Lake ragt.

Herstellung der Lake:
100 g Salz in einen Meßbecher füllen und bis zur Litermarke mit Wasser auffüllen.

Kräftiger Hartkäse

Was brauche ich?

7 Liter Vollmilch
200 ml Buttermilch
3 Labtabletten
15 g Salz

Außerdem ist zu beachten:

- Dieser Käse erhält kein Salzbad, es wird dem Bruch zugemischt.
- 2 Stunden mit 6 kg vorpressen, wenden und 18 Stunden mit 15 kg pressen.
- Nach dem Austuchen wird der Käse mit einem sehr dickflüssigen Mehl-Wasser-Gemisch dick eingerieben und in ein Baumwolltuch eingewickelt.
- Reifung: 4 Wochen in einem kühlen, nicht zu trockenen, dunkleren Raum.

Wenn man diesen Käse bei geringer Luftfeuchtigkeit aufbewahrt und bei Temperaturen von ca. 10 – 15 °C 2 Monate reifen läßt, wird er ein sehr harter, leicht gelber Reibekäse. Käse alle paar Tage umdrehen, das Tuch aber nicht entfernen.

Bauern-Hartkäse mit Kümmel

Was brauche ich?

7 Liter Vollmilch
200 ml Dickmilch (Sauermilch)
3 Labtabletten

Außerdem ist zu beachten:

- 5 Stunden salzbaden.
- Normal vorpressen, im Tuch und innerhalb der Form wenden, dann 36 Stunden mit 15 kg pressen.
  Wenn möglich, 2 mal wenden.
- Reifung: 3 – 5 Wochen bei 10 – 15 °C in der Reifebox, öfter wenden.

Butterkäse

Tip:
Man kann diesen Käse, wie auch andere Sorten, nach Wunsch mit etwas Kümmel herstellen.
Der Kümmel muß aber, um steril zu werden, 5 Minuten mit heißem Wasser überbrüht werden, gleichzeitig wird er dadurch weich.
Man mische ihn dann vor dem Einfüllen unter die Käsemasse.

Was brauche ich?

7 Liter Vollmilch
150 g Joghurt
3 Labtabletten

So wird's gemacht!

1. Milch unter Rühren auf 45 °C erwärmen, Joghurt einrühren, Topf vom Herd nehmen.
2. Labtabletten in 1/3 Tasse Wasser auflösen und rasch in die Milch einrühren, Milch zum Stehen bringen.
3. Topf zudecken, warten, bis die Milch dick ist (Schnittprobe, s. Abb. S. 54).
4. Mit dem Messer große Würfel (4 – 5 cm Kantenlänge) schneiden.
5. Mit Rührlöffel den Bruch vorsichtig in Bewegung halten, damit er nicht zusammenklebt. Nach ca. 20minütigem Rühren sollte der Bruch ca. Kirschgröße haben.
6. Bruch vorsichtig und rasch in eine mit einem nassen Käsetuch ausgelegte Form schöpfen. Tuch und Form vorwärmen.
7. Tuch über Käse zusammenlegen, nach 2 – 3 Min. wenden, vorsichtig auswickeln, neu einwickeln, wieder wenden. Aus- und Eintuchen so lange wiederholen, bis der Käse eine geschlossene Außenhaut hat (3- bis 4mal).
8. Jetzt kommt der Käse, eingetucht in der Form, ca. 7 Std. in einen Raum von 30 – 35 °C (Heizraum, evtl. auf Heizung stellen) zum „Schwitzen".
9. Danach Käse auspacken, 3 Stunden in ein Salzbad (15gewichtsprozentig) legen, dazwischen einmal wenden.
10. Käse aus dem Salzbad nehmen; abtrocknen lassen.
11. Reifung in der Reifebox 1 – 2 Monate bei ungefähr 5 °C. In den ersten beiden Wochen alle 2 Tage, dann wöchentlich nur noch 2mal wenden.

Wichtig!
Dieser Käse wird nicht gepreßt.
Allgemein:
Die Preßgewichtsangaben müssen bei Einsatz der hier vorgestellten Hebelarmpresse auf ca. 1/3 reduziert werden.
Beispiel: Wird z.B. von einem Preßgewicht von 6 kg gesprochen, so ist ein Gewicht von 2 kg am äußeren Ende des Hebelarmes anzuhängen.

Tip:
Alle Schnitt- und Hartkäse schmecken hervorragend, wenn man sie ca. 1 Woche nach dem Salzbad mehrmals im Kaltrauch räuchert.

Welche Käsesorten wie reifen und wie lange

Frischkäse

Frischkäse wie zum Beispiel alle Quarkarten und Sorten. Schichtkäse und Hüttenkäse sind, wie der Name schon sagt, frisch, d.h. sie müssen frisch verbraucht werden. Sie benötigen keine Reifung und wären aufgrund ihres hohen Wassergehaltes auch nicht länger haltbar.
Am besten lagert man sie in sauberen zugedeckten Glasschüsseln im Kühlschrank. (Glas kann durch die Molken- bzw. Milchsäure nicht angegriffen werden.) Innerhalb einer Woche verbrauchen.

Weichkäse

Weichkäse wie zum Beispiel Knoblauch-, Kümmel- und Pfefferkäse werden aus dem Salzbad genommen und noch naß in ein in das Salzbad eingetauchtes und leicht ausgewrungenes Leinentuch eingeschlagen, so erfolgt die Reifung 4 – 6 Tage lang im Kühlschrank (mittlere Zone) bei 5 – 8 °C. Im Salzwasserleinen trocknen die Käse nicht aus, schimmeln nicht und können atmen. Nach einer Woche sollte das Leinentuch wieder feucht gemacht werden. Camembert zählt zwar zu den Weichkäsen, muß aber völlig anders gereift werden.
Die Reifung gelingt nur in einer sogenannten „Reifebox" bei einer hohen relativen Luftfeuchtigkeit von 90 – 95 % sowie bei Temperaturen zwischen 10 – 14 °C. Die Reifedauer beträgt ca. 10 – 12 Tage. Eine Reifebox hat man im Nu selbst geschaffen.
Hierzu benötigt man 2 gleich große Schüsseln (Steingut, Kunststoff, Metall). Die untere Schüssel füllt man zu 3/4 mit kaltem Wasser. Jetzt werden im Abstand von gut 1 cm Edelstahlstäbchen auf die Schüssel gelegt (oder Edelstahlrost). Hierauf kommt der aus dem Salzbad genommene und trockengetupfte Käse.
Die zweite Schüssel wird einfach naß ausgespült und über den Käse gestülpt – fertig –.

Anmerkung:
Es wäre natürlich auch möglich, anstatt der Edelstahlstäbchen (Edelstahlrost) ein Kuchengitter (Kunststoff oder Metall) zu benutzen, eventuell auch Holzstäbchen. Hierbei ist allerdings zu bedenken, daß Käse immer auch noch Milchsäure enthält, die mit Kunststoffen und ungeeigneten Metallen chemisch reagieren kann. Edelstahl ist das günstigste Metall, Holz hat aus hygienischen Gründen (Porung, Wassergehalt, Verpilzung) ebenfalls Nachteile.

Wichtig:
Einmal pro Woche das Wasser wechseln, dabei die Schüsseln mit frischem Wasser reinigen!

Wie funktioniert die „Reifebox"?

Durch die ständige, wenn auch geringe Wasserverdunstung in der „Box“ ist immer die geforderte hohe relative Luftfeuchtigkeit vorhanden, so daß der Käse nicht austrocknen, bzw. der Schimmel gut wachsen kann. Die Tatsache, daß kein völliger Verschluß vorhanden ist, ermöglicht, daß auch immer etwas Luftumwälzung gewährleistet ist.

Wichtig:
Das Wasser nach einer Woche aus hygienischen Gründen wechseln, dabei Schüsseln gut auswaschen.
Camembertreifung bei 10 – 14 °C, 10 – 12 Tage lang.

Schnitt und Hartkäse

Alle Schnitt- und Hartkäse benötigen ebenfalls Reifetemperaturen von ca. 10 – 15 °C. Die Luftfeuchtigkeit sollte auch bei ca. 85 – 90% liegen. Dies ist eventuell in Untergeschoßräumen mit offenen Boden öfter möglich, wenngleich dann u.U. der Kellerschimmel wieder die Freude verdirbt.
Ich empfehle daher, die Schnitt- und Hartkäse in der Reifebox bei angegebener Temperatur zu reifen.
Die Käse müssen alle 3 Tage mit Salzwasser abgewaschen und wieder trockengetupft werden. Dies ist unabdingbar, sonst schimmeln die Käse.
Normalerweise reifen Schnitt- und Hartkäse ca. 2 – 3 Monate. Für die Hobbykäserei empfehle ich diese relativ lange Reifung nicht, da das Abwaschen mit Salzwasser ziemlich arbeitsaufwendig ist.

Mein Vorschlag:
Den Käse 2 – 3 Wochen reifen lassen, alle 3 Tage abwaschen, dann anschneiden und essen.
Oder: Nach 1- bis 2wöchiger Reifezeit mehrmals im Kaltrauch überräuchern. In diesem Falle wächst kein Schimmel mehr, der Käse ist monatelang haltbar und schmeckt einfach delikat. Eine nicht zu trockene Lagerung im Keller, Reifebox oder leichtem salzfeuchtem Tuch ist aber immer nötig, damit der Käse nicht austrocknet und reißt.

Käse räuchern – warum nicht?

Käse zu räuchern ist eine Möglichkeit, die Haltbarkeit wesentlich zu verlängern, den Geschmack und das Aussehen zu verbessern. Grundsätzlich können alle Weich-, Schnitt- und Hartkäse geräuchert werden.
Das Räuchern geschieht im sogenannten „Kaltrauch“. Dieser darf eine Temperatur von maximal 30 °C haben.
Zum Räuchern empfehle ich kleinere preiswerte Räucherschränke (s. Abbildung Seite 65), die im Freien betrieben werden können (Balkon, Garten) und keinen Kaminanschluß benötigen.
Geräuchert wird mit Sägespänen, die völlig trocken sein müssen und in der Regel von nicht harzenden Hölzern stammen, z.B. Buche, Erle, Weide, Apfel usw. Wenn man dann noch einige frische Fichten- bzw. Tannenzweigchen, einige Wacholderbeeren und Zwiebelschalen miträuchert, entstehen phantastische Geschmacksvarianten beim Käse.
Die Firma „Selbermachen“ liefert einen sol-

chen Schrank, Preis ca. 290,– DM. Eine Gebrauchsanleitung wird mitgeliefert.
Ein zwei- bis dreimaliges Überräuchern je nach gewünschter Farbe und Geschmack ist ausreichend.
Diese Räucherschränke haben den Vorteil, daß man sowohl in ihnen Kalträuchern kann (z.B. Käse, Wurst, Schinken, Lachs), sowie auch Heißräuchern (z.B. Kochschinken, Kasseler, Pökelzunge, Hähnchen, Gänse- und Entenbrust).
Die vorgestellten Schränke haben ein Sichtfenster aus Glas, so daß der Räuchervorgang immer beobachtet werden kann – dies macht besonders viel Freude und regt den Appetit an.

Anmerkung:
Sachgerechtes Räuchern ist nicht gesundheitsschädlich. Wichtig ist nur, daß nichtharzende Holzspäne verwendet werden und die Raucherzeugungstemperatur im Glutkern nicht zu hoch liegt.
Bei den vorgestellten Kleinräucherschränken ist eine zu hohe Rauchentstehungstemperatur konstruktionsbedingt ohnehin nicht möglich.

Wie ist das mit Schafs- und Ziegenkäse?

Die bisher beschriebene Herstellungstechnologie des Käses bezieht sich hauptsächlich auf die Herstellung von Käse aus Kuhmilch. Wenn nun zusätzlich folgende Ratschläge beachtet werden, ist auch das Verkäsen von Schafs- und Ziegenmilch leicht möglich.

Zunächst zur Schafsmilch:

Schafsmilch ist wesentlich fetter als Kuhmilch, außerdem enthält sie mehr Eiweiß. Innerhalb der Schaffamilie gibt es viele verschiedene Rassen, die ihrerseits wieder leicht unterschiedliche Milchzusammensetzungen aufweisen.
Schafskäse ist – wie auch Ziegenkäse – immer eine Delikatesse.
Aus der Antike weiß man, daß der Schafskäse der Käse „der Reichen" war. Die armen Leute mußten sich mit Kuh- oder Ziegenkäse begnügen.
Verarbeitungstechnologisch kann Schafsmilch genau wie Kuhmilch verarbeitet werden. Ein Unterschied besteht nur in der Menge des Labzusatzes. Da Schafsmilch – wie gesagt – einen höheren Eiweißgehalt hat, muß die Labmenge verdoppelt bis verdreifacht werden.
Eigene Erfahrungen sollten hier mit einfließen. Die Einlabtemperatur bei Schafsmilch beträgt 30 °C.
Aus Schafsmilch kann man praktisch alle Käsesorten herstellen. Es ist auch möglich, Kuh- und Schafsmilch vor dem Verkäsen zu mischen.
In sehr seltenen Fällen könnte es einmal vorkommen, daß ein Tier Tuberkulose oder Brucellose hat. Wer also ganz sicher sein möchte, sollte die Schafsmilch vor dem Verkäsen auf 70 °C erhitzen (pasteurisieren) und sofort wieder auf Verarbeitungstemperatur abkühlen.

Fett- und Eiweißgehalt der Ziegenmilch

Er ist ähnlich der Kuhmilch, jedoch ist die Struktur der Ziegenmilch gänzlich anders. Der Fett- und Eiweißaufbau bei Ziegenmilch sind, chemisch gesehen, abweichend. Ziegenmilch z.B. rahmt praktisch nicht auf, bei Kuhmilch dagegen entsteht eine richtige Rahmschicht.
Wenn man Ziegenkäse herstellen möchte, sollte man auch beachten, daß es Ziegen gibt, die eine geschmacklich mehr oder weniger strenge Milch geben.
In einzelnen Fällen kann sie sogar ungenießbar sein.
Meist ist ein solch ungenießbarer Milchgeschmack erblich bedingt oder angeboren; schlechter Geschmack bei Ziegenmilch kann aber auch futterbedingt sein.
In jedem Falle stehen Futterqualität und Milchgeschmack in einem engen Zusammenhang, was sich natürlich auf den Käsegeschmack auswirkt.

Es ist also darauf zu achten, daß für das Käsen nur wohlschmeckende Ziegenmilch verwendet wird.
Typisch für Ziegenmilch ist ein sehr weiches Eiweiß, was zunächst für die Käseherstellung eine ungünstige Ausgangssituation ist.
Wegen des weichen Eiweises waren immer längere Dicklegungszeiten mit Hilfe von Lab üblich.
Man kann den Käse frisch essen oder ihn auch länger oder kürzer reifen lassen. Ziegenkäse reift stets viel langsamer als Kuhmilchkäse. Trotzdem hat er schon ziemlich bald das arttypische Aroma. Schließlich ist zum Ziegenkäse noch zu sagen, daß er verhältnismäßig schnell einen leicht ranzigen Geschmack bekommt. Dies ist kein Fehler, sondern es ist für einen älteren gereiften Ziegenkäse geradezu typisch. Das schnellere Ranzigwerden wird durch die sehr feine Fettverteilung (ähnlich homogenisierter Vollmilch) bewirkt, da sie eine große Angriffsfläche für fettspaltende Enzyme und Licht bietet.

Hinweis:
Auch Ziegenmilch sollte aus Sicherheitsgründen vor dem Verkäsen pasteurisiert und so rasch wie möglich auf die Verarbeitungstemperatur herabgekühlt werden. Die Einlabtemperatur bei Ziegenmilch beträgt 29 °C.

Käsefehler und ihre möglichen Ursachen

Bei der häuslichen Käseherstellung kann es natürlich auch einmal zu einem Fehlfabrikat kommen. Es gibt verschiedene Ursachen, von denen die wichtigsten im folgenden Abschnitt angesprochen werden.

Da die Milch und der aus ihr hergestellte Käse eine hochkomplexe organische Materie sind – von vielen Einflußfaktoren abhängig –, kann es immer mal wieder zu einem Käsefehler kommen, der aber in den seltensten Fällen zum Verlust des Käses führt. Auch Käsefehler haben wie alle anderen Fehler ihr Gutes: Man lernt aus ihnen.

Grundsätzlich muß man 2 Fehlerarten unterscheiden, nämlich die korrigierbaren und zweitens die irreversiblen, also nicht mehr korrigierbaren. Bei totalem Käseverderb (z.B. fauliger Geruch und Geschmack, verschimmelt), muß der Käse immer weggeworfen werden, da der Genuß zu gesundheitlichen Schäden führen kann.

Alle leichteren Fehler können, wenn sie frühzeitig erkannt werden, auch behoben werden. Oft ist mit einer solchen „Rettungsaktion“ eine gewisse Qualitätsminderung verbunden, die aber in Kauf genommen werden kann. Die wichtigsten Käsefehler, die im folgenden besprochen werden, sollte man kennen, um ihre Ursachen möglichst auszuschließen.

Der Käse hat einen „Frühtrieb“

Einer der gefährlichsten, jedoch am frühesten erkennbaren Fehler beim Käsen ist der sogenannte Frühtrieb. Hierunter versteht man ein kugelförmiges Aufblähen des Käses, das spätestens im Salzbad sichtbar wird. Dieses hefeteigähnliche Auseinandergehen der Käsemasse wird durch Kolibakterien, welche Gase absondern, hervorgerufen. Der Frühtrieb trat früher in den Molkereien oder Käsereien weit häufiger auf als heute. Dies lag an den oft nicht ausreichenden hygienischen Verhältnissen. Wenn sich der Frühtrieb zeigt, sollte man zuerst an die vielleicht mangelnde Hygiene in der eigenen Käseküche denken.

Ein starker Frühtrieb ist das Schulbeispiel für einen nicht mehr zu korrigierenden Fehler. Tritt er ein, wird der Käse bitter, zum Teil so sehr, daß er nicht mehr genießbar ist. Bei nur schwachem Frühtrieb schmecken die noch jüngeren Käse anfangs leicht süßlich, wenn sie älter sind aber immer bitter. Käse mit leichtem Frühtrieb sollten, wenn der Fehler entdeckt wird, ohne weitere Reifung gleich gegessen werden. Stark getriebener Käse, oft mit aufgeplatzter Rinde, kann nicht mehr verwendet werden.

Mit einem kleinen Trick kann der Frühtrieb weitgehend ausgeschaltet werden. Der Milch sollten 1 – 2 Stunden vor dem Verkäsen Milchsäurebakterien zugegeben werden (Buttermilch, Sauermilch, Joghurt); so haben die

Kolibakterien fast keine Chance, sich zu vermehren, es sei denn, in der Käseküche wird später unsauber gearbeitet. Dann kann es trotzdem zu einer Masseninfektion kommen. Häufig ist auch mangelhafte Kühlung der Milch der Grund für eine starke Kolibakterien-Entwicklung.
Neben Kolibakterien können auch noch bestimmte Hefearten den Frühtrieb erzeugen. Diese Hefen ernähren sich von Milchzucker und scheiden als Stoffwechselprodukt Gas aus.
Das Vorkommen von Hefen hat die gleichen Ursachen wie das Vorkommen der Kolibakterien, nämlich mangelnde Hygiene in der Milchgewinnungs- und -verarbeitungskette, zu geringe Milchkühlung oder überalterte Milch und zu geringe Milchsäurebakterienentwicklung.
Positiv ist, daß im Normalfall der Frühtrieb, insbesondere bei kleineren Käsen, wie sie im Haushalt hergestellt werden, seltener vorkommt und die Folgen geringer sind als bei großen Käsen.

Hinweis:
Wenn der Frühtrieb häufiger auftritt, sollte man die Rohmilch kurz pasteurisieren, d.h. unter Rühren auf ca. 70 °C erwärmen und sofort wieder auf die jeweils vorgeschriebene Erwärmungstemperatur abkühlen (evtl. im Kaltwasserbad).

Der Käse hat einen „Spättrieb"

Hierunter versteht man ein ähnliches Aufblähen des Käses, jedoch zu einem späteren Zeitpunkt, ungefähr 2 – 4 Wochen nach dem Käsen. Im Normalfall ist die Gasentwicklung aber geringer als beim Frühtrieb. Verursacher des Spättriebes sind Buttersäuremikroben. Diese Bakterienart ist insofern besonders gefährlich, als sie im Gegensatz zu anderen Bakterien in ihren Körperzellen sehr resistente Sporen bildet, die z.B. bei einer Erhitzung der Milch nicht abgetötet werden und deshalb bei späteren günstigeren Bedingungen im Käse wieder auskeimen können. Diese spezielle Eigenschaft ist die Ursache für den Spättrieb.
Größte Infektionsquelle ist das Futter. Besonders in Silage (Silofutter) bilden sich große Bakterienpopulationen, aber auch in Stroh, warm gewordenem Gras und Heu.
Die einzige Möglichkeit, Buttersäurebakterien niederzuhalten, ist das Verabreichen von nur besten und hygienisch einwandfreien Futtermitteln. Silofutter sollte von dieser Sicht her nicht gegeben werden.
Ein Vorteil ist auch hier, daß vom Spättrieb meist nur größere Käse befallen werden. Wie beim Frühtrieb erhält der Käse einen unangenehmen, bitteren Beigeschmack. Die Lochbildung durch Gase ist aber oft geringer als beim Frühtrieb, was besonders beim Aufschneiden des Käses auffällt. Das ausströmende Gas verursacht beim Schneiden einen Buttersäuregeruch.
Außer Buttersäurebakterien können auch Propionsäurebakterien den Spättrieb auslösen. In diesem Falle ist aber der Geschmack des Käses im Vergleich zu dem von Buttersäurebakterien verursachten Spättrieb leicht süßlich, was von manchen Käsefreunden sogar als angenehm empfunden wird.

Dies gilt besonders bei älteren Käsen. Der Käse kann aber auch bitter werden, wenn man zuviel Lab verwendet hat oder es an Milchsäurebakterien fehlt, weil die Starterkulturen zu gering bemessen oder schon zu alt waren.
Die erwünschten Milchsäurebakterien können auch durch winzige Mengen von Reinigungs- und Desinfektionsmitteln bzw. Tierarzneimitteln in ihrer Entwicklung gehemmt werden, was ebenfalls zu einem bitteren Geschmack führt.
Außerdem kann eine einseitige Fütterung – z.B. im Herbst nur mit Rübenblättern – die Ursache sein.
Eine luftdicht verschlossene Milch während des Transportes und der Aufbewahrung kann ebenfalls leicht zu diesem Fehler führen (die Milch ist „erstickt").
Schließlich kann das Bitterwerden des Käses auch noch durch einen ungünstigen Reiferaum (fehlender Luftaustausch) entstehen.

Der Käse schmeckt sauer

Hierzu muß man wissen, daß ein mit Säurekulturen hergestellter Käse (Sauermilch, Buttermilch, Joghurt) am Anfang immer sauer schmeckt.
Aus diesem Grunde ist ein leicht säuerlicher Geschmack des Käses ein Indiz für eine noch nicht abgeschlossene Reifung. Ist der Käse nach der Reifung immer noch sauer, liegt dies am Säureüberschuß (niedriger ph-Wert). Ursachen können in der zugegebenen Säuerungskultur oder beim Käsen selbst liegen.

Der Käse schmeckt streng

Dieser Geschmack kommt bei Ziegen- und Schafskäse häufig vor und ist, wenn er im Rahmen bleibt, in gewissem Maße als „arttypisch" anzusehen, besonders bei Ziegenkäse.

Der Käse schmeckt salzig

Wenn ein Käse stark salzig schmeckt, liegt es immer daran, daß er übersalzt wurde. Entweder dauerte die Salzbadzeit zu lange oder die Lake war zu stark. Zu bemerken ist, daß der Salzgehalt gleich nach dem Salzbad in den Randzonen des Käses viel größer ist als zu einem späteren Zeitpunkt, da die Salzmoleküle erst mit der Zeit nach innen wandern (Diffusion).

Der Käse schmeckt ranzig

Bei etwas älterem Ziegenkäse ist dieser Geschmack eigentlich normal. Gerade bei Ziegenkäse ist das Fett besonders fein verteilt, bietet also eine größere Angriffsfläche für Sauerstoff und verschiedene fettspaltende Enzyme. Auch für andere Edelschimmelkäse ist dieser Geschmack mehr oder weniger typisch. Es gibt aber auch noch fettspaltende Mikroorganismen, die zwar bei einer hygienischen Arbeitsweise weniger Chancen haben, bei unsachgemäßer Verwendung von Wasser (z.B. beim Bruchwaschen) aber in den Käse gelangen und ihr Werk beginnen können.

Der Käse schmeckt faulig

Fauliger Käsegeschmack ist ein Indikator, der eine Eiweißzersetzung anzeigt. Eine normale und erwünschte Käsereifung (Gärung) hat nicht stattgefunden. Bei hygienischer Milchgewinnung, Behandlung und Verarbeitung zu Käse kann dieser irreversible Fehler kaum vorkommen. Käse, die faulig riechen oder schmecken, sind verdorben und müssen immer weggeworfen werden, da durch die Kaseinzersetzung Toxine (Giftstoffe) entstehen.

Der Käse schimmelt

Käse ist ein idealer Nährboden für viele Kleinlebewesen tierischer (Bakterien) und pflanzlicher (Hefe, Schimmelpilze) Art. Bei geringstem Anzeichen von unerwünschtem Schimmel sind die Käse sofort mit einem in starkem Salzwasser getränkten Tuch intensiv abzuwischen. Dies ist bei erneutem Schimmelbefall häufiger durchzuführen. Wenn man über den Schimmel so nicht Herr wird, sollte man den Käse nicht weiterreifen lassen, sondern die Randschichten abschneiden und gleich essen. Ein bereits verschimmelter Käse muß weggeworfen werden, weil alle wilden Schimmel (außer Edelschimmel) Toxine bilden, die gesundheitlich sehr bedenklich sind. Um die Infektionsgefahr mit unerwünschtem Fremdschimmel (roter, grüner, grauer, schwarzer) so gering wie möglich zu halten, ist Hygiene die unbedingte Voraussetzung.

Tip:
Eine ideale Möglichkeit, das Schimmeln zu verhindern, ist das Räuchern des Käses (siehe dort).

Zusammenstellung einiger typischer Käsefehler und deren Ursache

Fehlerbezeichnung	Ursache
	Äußere Fehler
Rindenkrebs	Penicillium brevicaule (Krebsschimmel) und schadhafte Rinde
Faulstellen, Rotfäule	Zu feuchte, dunkle Räume; Käse zu naß oder zu wenig gewendet; farbstoffbildende Bakterien
Schimmelig	Schadhafte Rinde, infiziertes Salzbad, zu kalte und feuchte Lagerräume
Rotfärbung, bankrot	Lagerung auf neuen, nicht genügend ausgelaugten und entkeimten Holzbrettern. Auch Bact. proteus und Bact. aerogenes (Infektion des Salzbades und des Schmierwassers) können Rotfärbung bewirken

Fehlerbezeichnung	Ursache
	Innere Fehler
Blähend	Allgemeine Unsauberkeit, ungenügende Milcherhitzung, Infektion der Kultur
Kreidig, bröckelig	Zu hoher Säuregrad der Kesselmilch, zu später Beginn des Schneidens, zu hohe Temperatur in der Wanne, zu viel Lab, zu viel Salz, Reifung zu kalt
Rissig (Gläßler)	Übersäuerung, Kalkgehalt der Milch zu niedrig; Infektion durch Buttersäure-Bazillen; bei Emmentaler nach der eigentlichen Propionsäuregä rung erneut einsetzende Gärung
Weich, schwammig	Einlabungstemperatur zu niedrig, Milch nicht reif genug; Kulturzusatz zu gering; Bruch nicht genügend ausgearbeitet, zu wenig Salz
Offen (Nißler)	Unsauberkeit; Fehler in der Anlieferungsmilch; Kalkgehalt zu gering
	Geruch und Geschmack
Sauer	Säuerungsgrade zu hoch, zu viel Molke im Bruchkorn
Salzscharf	Zu kräftiges Salzen, Temperatur des Salzbades zu niedrig
Bitter	Fehlerhafte Milch (bitter, stark futtrig); Reifegrad der Kesselmilch nicht ausreichend oder zu hoch; zu frühes
und zu	starkes Salzen; zu niedrige Reifungstemperatur
Seifig, laugig	Zu starke mechanische Beanspruchung der Milch vor dem Dicklegen; Fremdinfektion

Quelle: Kiermeier/Lechner, Milch und Milcherzeugnisse, 1973. Verlag Paul Parey, Hamburg und Berlin

Noch ein Wort zur Molke

Obwohl Molke bei der Käseherstellung tonnenweise anfällt, spielt sie im Bewußtsein der Verbraucher eine untergeordnete Rolle. Nur wenige Großhändler und Naturkostläden haben Trinkmolke im Angebot. Schon eher ist sie als Diätetikum und Heilmittel ein Begriff, ihre Inhaltsstoffe sind von großem therapeutischen Wert. Am häufigsten wird Molke allerdings an die Schweine verfüttert oder weiterverarbeitet zu Milchpulver und Tabletten. Auch in Kosmetika findet sie bisweilen Verwendung.

Bereits in der Antike wurde Molke als Kosmetikum und Heilmittel besonders geschätzt. Der Urvater aller Mediziner, Hippokrates, hat sie bei Lebererkrankungen und Darmstörungen kurmäßig verordnet, ebenso der bekannte römische Arzt Galen. Auch aus dem Mittelalter ist die segensreiche Wirkung des Milchtrunkes überliefert: „Molken wischt ab, dringet ein, wo Verstopfung, Galle seyn", heißt es in einer Schrift der „Schola Salarnitana" um das Jahr 1200. Einige Jahrhunderte später (1750) verhalfen Schweizer Ärzte im Appenzeller Land der (Ziegen)Molke zu weiterem Ansehen: Die dort bei der Herstellung von Bergkäse und Emmentaler anfallende Flüssigkeit wurde noch warm an die Kurgäste verteilt, um Stoffwechselstörungen zu beseitigen. Die Molkekur fand sich bald in den Therapieplänen zahlreicher Kurorte wieder, so in Traunstein, Kreuth, Badenweiler, Heidelberg und Reichenhall. Vor allem Haut-/Schleimhauterkrankungen ließen sich in Kombination mit Wasser- und Solebädern günstig beeinflussen. Mit dem ersten Weltkrieg begann der Niedergang der Milch- und Molkenkuranstalten. Für Jahrzehnte geriet das natürliche Therapeutikum nahezu völlig in Vergessenheit, erst in jüngster Zeit wurde es wiederentdeckt.

Überall dort, wo Milch zu Käse und Quark verarbeitet wird, bleibt nach Abscheidung von Kasein und Fett auch Milchserum (= Molke) übrig. Die Mengen sind beträchtlich, im Durchschnitt beträgt der wässrige Anteil der Milch je nach Art der Verwendung zwischen 75 und 85%.

Die zwei Varianten: Süß- und Sauermolke

Grundsätzlich sind zwei Formen der Milchverwertung denkbar: Bei der Produktion von Dickmilch, Quark und Frischkäse sorgen die verwendeten Bakterien-Kulturen dafür, daß am Ende die sogenannte Sauermolke entsteht. Sie schmeckt ausgesprochen erfrischend und ist sehr calciumreich. Anders die Süßmolke, die sich bei der Erzeugung der meisten Schnitt-, Hart- und Weichkäsesorten unter Zufuhr von Labenzym bildet. Während des Gerinnungsprozesses wird das Calcium gebunden und damit der Mineralstoffgehalt im Vergleich zur Sauermolke etwas reduziert. Süßmolke fällt zwar häufiger an, schmeckt aber weniger interessant und gelangt daher als Getränk seltener in den Handel. Um sie vor bakteriellen Verunreinigungen zu schützen und länger haltbar zu machen, wird Molke vor dem Abfüllen grundsätzlich pasteurisiert. Die Erhitzung ist gesetzlich vorgeschrieben, nur bei direkter Hof-Vermarktung dürfen die Milchbauern unbehandelte Frischmolke in Verkehr bringen. Dies geschieht jedoch nur noch gelegentlich in bescheidenem Umfang. In kleineren Betrieben mit angeschlossener Viehhaltung wird die Molke in der Regel an die Schweine verfüttert.

L(+)-Milchsäure und hochwertige Proteine

Ihre Wertschätzung als Diätetikum verdankt die Molke nicht zuletzt ihrer guten Bekömmlichkeit und ihrer diuretischen (ausscheidenden) Wirkung. Der Naturheilpraktiker Walter Binder spricht in diesem Zusammenhang sogar von „Heilgewalt". Molke besteht zu knapp 94% aus Wasser, ist nahezu fettfrei (0,2g auf 100g) und bei weitem nicht so kalorienhaltig wie Milch. Sie ist reich an Milchzucker, der sich aus Glukose und Galaktose zusammensetzt. Für den günstigen Einfluß der Molke auf das Fäulnismilieu im Dickdarm ist die rechtsdrehende L(+)-Milchsäure verantwortlich, die zum Teil erst im unteren Darmabschnitt unter Bakterieneinwirkung ihre vollständige Umwandlung erfährt. Von Bedeutung sind außerdem die Orotsäure, die vor allem von der Leber benötigt wird und hochwertige Proteine, die der Körper als Bausteine für Abwehreiweiße (Immunglobuline) verwertet. Von den Mineralstoffen sind Magnesium, Phosphor und Kalium zu nennen, wobei besonders letzteres den bei vielen Menschen gestörten Elektrolyt- und Mineralienhaushalt stabilisieren hilft.

In der Naturkostszene ist Molke kaum gefragt

Ungeachtet ihrer offenkundigen Vorzüge ist Molke als normales Lebensmittel praktisch kaum existent. Während die Reformhäuser seit langem (hocherhitzte) Trinkmolke und Molkekonzentrat an ihre diätbewußte Klientel verkaufen, bleibt Molke im Naturkosthandel meist außen vor.
Genaue Zahlen über Produktions- und Absatzmengen gibt es nicht, detaillierte Informationen sind schwer zu bekommen. Die Molkereigenossenschaft Schrozberg gehört zu den wenigen, die gegenwärtig (saure) Trinkmolke in Demeter-Qualität anbieten. Etwa 1 000 Liter werden täglich in Halb-Liter-Flaschen abgefüllt, betriebswirtschaftlich gesehen ein Randphänomen.
Trotzdem: „Molke ist etwas ganz Besonderes und speziell bei Magenproblemen allen Pillen überlegen", sagt der Geschäftsführer Gerd Wiese. Der Absatz bleibt seit 14 Jahren auf dem gleichen Level.
Am besten füllt man sie in Schraubgläser ab und bewahrt sie im Kühlschrank auf. Die Haltbarkeit beträgt bei guter Kühlung ungefähr eine Woche.
Am besten schmeckt Molke, wenn sie mit Fruchtsäften gemischt wird. Es genügen jeweils nur wenige Löffel Fruchtsaft pro Liter, um ihr einen köstlichen Geschmack zu verleihen.
Wer bedenkt, daß für 1 Liter Molke 2,– bis 3,– DM ausgegeben werden müssen, erkennt den Wert der Molke besser. Eine Molkenkur ist geradezu ideal für Gesundheits- und Schlankheitsbewußte.
Molke kann außerdem sehr gut zum Backen bzw. Herstellen von Waffel- oder Pfannkuchenteig verwendet werden.
Auch hat sie eine hervorragende Wirkung als Gesichtswasser (Schönheitsmittel!). Hierzu schüttet man einfach etwas Molke auf einen Wattebausch und reinigt das Gesicht damit (bessere Wirkung wird erzielt, wenn die Molke vorher angewärmt wird).
Auch als Bademittel kann Molke dem Badewasser in beliebiger Menge zugefügt werden.

Käse aufbewahren – aber wie?

Käse ist ein sehr empfindliches Lebensmittel. Durch Nachlässigkeit bei der Aufbewahrung kann er schnell an Qualität verlieren. Unterkühlung schadet ebenso wie Wärme, Licht und Zugluft.
Im allgemeinen soll Käse kühl, verpackt und dunkel aufbewahrt werden. Nicht ausgereifter Käse reift bei luftiger und nicht zu kühler Lagerung nach, z.B. unter einer Käseglocke. Je nach gewünschtem Reifegrad kann der Reifungsprozeß durch wärmere Lagerung beschleunigt oder durch kühlere bei 6 bis 8 °C verzögert werden. Für Frischkäse sind Temperaturen um 4 °C günstig, Hartkäse verträgt Temperaturen bis 0 °C. Allerdings hemmen Temperaturen unter 6 °C die Aromabildung. Käsearten mit Rinde sind haltbarer als rindenlose.
Speisequark hält sich in ungeöffneter Verpackung bei 4 °C bis zu 2 Wochen, in angebrochener Packung im Kühlschrank 3 bis 4 Tage. Bei Überlagerung werden Frischkäse schnell bitter und fangen an zu schimmeln.
Eine beginnende Schimmelbildung an Hart- und Schnittkäse kann mit einem salzwassergetränkten Leinentuch entfernt werden. Ein Schuß Essig ins Salzwasser hemmt Schimmel besonders stark.
Unverpackter Käse trocknet im Kühlschrank aus, verliert Aroma, und sein Geschmack wird von anderen Lebensmitteln beeinträchtigt.
Lichteinfluß verändert das Milchfett im Käse, so daß ein unangenehmer Geruch entsteht. Auch Vitamine gehen dabei verloren.
Alle Käse entfalten ihr Aroma besser, wenn sie eine Stunde vor dem Verzehr aus dem Kühlschrank genommen werden. Frisch geriebener Käse muß sofort verbraucht werden; getrockneter kann in der geöffneten Packung und im Kühlschrank 2 – 3 Wochen aufbewahrt werden.

Butter
– einfach selbstgemacht –
wie zu Großmutters Zeiten

Wer selbst Brot backt, selber käst oder köstlichen Joghurt bereitet, sollte es auch einmal mit selbstgemachter Butter probieren. Es ist ganz einfach und macht viel Spaß. Auch schmeckt eine eigene Butter zu selbstgebackenem Brot viel besser. Daneben fällt Buttermilch mit Butterflöckchen an, die besonders edel schmeckt und die man sonst nirgends kaufen kann.

Was ist eigentlich Butter?

Butter ist ein aus Milch, süßer oder saurer Sahne (Rahm) gewonnenes Produkt, vereinfacht ausgedrückt das Milchfett von Rind, Schaf und Ziege. Butter aus süßem, also ungesäuertem Rahm wird als Süßrahmbutter und aus gesäuertem Rahm als Sauerrahmbutter bezeichnet. Die auf den deutschen Markt kommende Butter ist zu 98% Sauerrahmbutter. Süßrahmbutter schmeckt milder, wie Schlagsahne. Sauerrahmbutter erhält durch aromatisch säuernde Bakterien den frischen, nußartigen Geschmack und das Aroma. Beide Sorten kommen gesalzen auf den Markt. Butter ohne besondere Bezeichnung liegt im Geschmack zwischen den beiden genannten Buttersorten. Wichtige Bestandteile der Butter sind die Phosphatide, wie z.B. Lecithine und phosphorfreie Glykolipide – chemische Verbindungen aus Fett und Zucker. Sie alle spielen als Bausteine für die Nervensubstanz eine große Rolle und haben die physiologische Aufgabe, die Fettsäuren im Organismus zu transportieren. Wichtig ist außerdem die Bedeutung der Butter als Träger der fettöslichen Vitamine A und D.
Zuletzt noch etwas zur Verdaulichkeit: Ein Fett, das einen höheren Schmelzpunkt hat als unsere Körpertemperatur, liegt als Klumpen im Magen und im Darm und kann nur schwer verdaut werden. Butter dagegen hat einen niedrigen Schmelzpunkt. Sie ist schon bei Körpertemperatur flüssig und dadurch besonders leicht verdaulich.
Butterschmalz oder auch Butterfett ist das vom restlichen Wasser und Eiweiß befreite Fett der Butter. Es eignet sich sehr gut zum Backen und Braten. Bei richtiger Lagerung hält es wesentlich länger als Butter.

Nährwerttabelle Butter

In 100 g Markenbutter sind enthalten:

Eiweiß	0,7 g	Vitamin A	0,59 mg
Fett	83,2 g	b-Karotin	0,38 mg
Wasser	15,0 g	Vitamin B_1	0,005 mg
Energie	3247 kJ	Vitamin B_2	0,020 mg
Lecithin	0,2 g	Vitamin E	2,2 mg

Handelsklassen

Butter wird in drei Handelsklassen eingestuft.
Bewertet werden nach einem Punktesystem Geruch, Geschmack, Aussehen, Gefüge und Konsistenz. Jede dieser Eigenschaften wird mit bis zu 5 Punkten bewertet.

1. Markenbutter
Aus hocherhitzter und gekühlter Sahne. Mit mindestens 4 Punkten für jede Eigenschaft.

2. Molkereibutter
Aus Sahne oder Molkenrahm, die hocherhitzt und gekühlt wurden. Mit mindestens 3 Punkten für jede Eigenschaft.

3. Kochbutter
Mit mindestens 1 Punkt für jede Eigenschaft.

4. Fast genauso unbekannt
wie Kochbutter ist die „Landbutter“. Sie ist nach der Butterverordnung eine Butter, die direkt auf dem Bauernhof aus selbsterzeugtem Rahm gewonnen wurde. Diese Butter schmeckt einfach köstlich und wird ab und zu auf Wochenmärkten oder direkt ab Hof verkauft.
Die einzelnen Butterbezeichnungen sind also reine Güteklassen.

Schließlich müssen auf jeder Butterpackung ungekürzt und gut sichtbar folgende Angaben vorhanden sein:
Handelsklasse (z.B. Markenbutter), Gütezeichen, Gewicht, Name der Molkerei, Buttersorte (z.B. Sauerrahmbutter) und Mindesthaltbarkeitsdatum.

6 Schritte zur Butter

1. Schritt:
Entrahmung der Milch
Zunächst wird die frische Vollmilch entrahmt, das heißt, das Milchfett wird von den übrigen Milchbestandteilen getrennt.
In der Molkerei geschieht dies mit den sogenannten Zentrifugen oder Separatoren. Um die Drehachse der Zentrifuge, also innen, sammelt sich der leichtere Rahm (Sahne). Die schwere Milch wird durch die Fliehkraft nach außen geschleudert und anschließend abgeleitet.
Im Privathaushalt stellt man die frische Rohmilch in einer flachen Schüssel 12 – 18 Stunden in einen kühlen Raum oder in den Kühlschrank. Je größer die Milchoberfläche und je geringer die Stehhöhe der Milch, desto leichter steigen die Fetttröpfchen nach oben. Nach der angegebenen Standzeit kann der süße Rahm (Sahne) mit einem flachen Löffel abgeschöpft werden (die Fettmoleküle schließen sich zu Fetttröpfchen zusammen, haben so eine größere Auftriebskraft und steigen nach oben). Einfacher und schneller geht das Entrahmen, wenn man in eine größere Kunststoffschüssel am unteren Seitenrand mit einem Metallbohrer ein kleines Loch bohrt, dieses von außen mit einem kleinen Gummikorken verschließt und nach dem Aufrahmen die Magermilch nach unten ablaufen läßt. Durch seitliches Hochkanten der auf dem Tischrand stehenden „Entrah-

mungsschüssel“ kann die Magermilch vollkommen abfließen. Wenn die ersten Rahmpartikel kommen, verschließt man das Ablaufloch wieder.

Tip:
Die gewonnene Magermilch (entrahmte Milch) kann sehr gut zur Herstellung von fettarmem Joghurt oder Sauermilch-Käsebereitung bzw. zur Produktion von körnigem Frischkäse (siehe dort) verwendet werden . Auch gibt dies sehr guten Magerquark.

2. Schritt: Säuerung des Rahmes

Weil die Butterausbeute höher wird und die Butter aromatischer schmeckt, wird der Rahm nach der Gewinnung durch Zugabe von Milchsäurebakterien gesäuert. Zu diesem Zweck fügt man pro Liter Rahm 250 ml Buttermilch oder Sauermilch (Dickmilch) zu (verrühren!) und läßt das Ganze dann gut 1 Tag bei etwas kühlerer Zimmertemperatur stehen. Im Normalfall ist der Rahm dann ausreichend sauer. Man kann den Rahm auch aus mehreren Entrahmungen sammeln. Älter als 3 – 4 Tage sollte er allerdings nicht sein.

3. Schritt: Buttern des Rahmes

Unter Buttern ist das mechanische Bearbeiten des Rahmes zu verstehen. Es geht einfach darum, daß der Rahm geschlagen oder gestoßen wird, damit die Eiweißhäutchen, die die Fetttröpfchen umschließen, aufgebrochen werden und es zur Entstehung des „Butterkornes“, das sind größere Fettzusammenschlüsse, kommt. Dies kann gut eine halbe Stunde dauern, je nach Jahreszeit, Reifezustand und Temperatur des Rahmes mal etwas länger oder kürzer.

Wenn sich nach 30 Minuten Rühren oder Stampfen noch keine Butterflöckchen zeigen, kann dies daran liegen, daß der Rahm zu dick oder zu kalt ist. Wenn man dann etwas warmes Wasser zugibt und den Rahm weiter bearbeitet, kommt es sehr bald zum Klumpen des Rahmfettes.

Grundsätzlich wird der Rahm so lange bearbeitet, bis die Butterkörner ungefähr Maiskorngröße erreicht haben.

Wichtig:
Im Sommer sollte der zu verarbeitende Rahm eine Temperatur von ungefähr 12 – 13 °C haben, im Winter zwischen 16 und 18 °C.

Ca. 16 Stunden vor dem Buttern sollte der Rahm auf 8 – 10 °C herabgekühlt werden (Kühlschrank) und dann wieder vor dem Buttern bei ca. 12 – 13 bzw. 16 – 18 °C liegen. Zum Buttern benötigt man eine Buttermaschine oder ein Butterfaß. Buttermaschinen bzw. -fässer gibt es in allen Größen im Fachhandel als handbetriebene und als elektrisch betriebene Geräte. Für den normalen Hausgebrauch reichen kleinere Geräte für den Handbetrieb (siehe Abb.). Man kann sich aber auch selbst eine einfache, aber gute Möglichkeit zum Buttern schaffen, indem man eine 5 – 10 Liter fassenden Steinguttopf nimmt, dafür einen Holzdeckel aussägt und sich einen Stampfer bastelt (siehe Abb.). Diese Art des Butterns habe ich als kleiner Junge bei meiner Großmutter kennengelernt. Eine Abbildung des Gerätes finden Sie auf der Tafel (Seite 80).
Ideal sind elektrisch betriebene kleinere Buttermaschinen für den Haushalt (Siehe Abb.).

4. Schritt: Trennen von Buttermilch und Butterkorn

Wenn die maiskorngroßen Butterkörner sichtbar sind, wird der ganze Inhalt der Buttermaschine vorsichtig in ein Sieb geschüttet, das auf einer Schüssel steht. Die Buttermilch läuft nun ab, das Butterkorn bleibt im Sieb zurück.
Die Buttermilch enthält noch winzige Butterflöckchen, die diese selbsterzeugte Buttermilch zu einem unvergleichlichen Genuß werden lassen. Buttermilch enthält ja alle Stoffe der Milch, nur das Fett fehlt. Durch die Säuerung ist die Milch auch besonders leicht verdaulich.

Tip:
Selbstgemachter Buttermilchquark schmeckt auch vorzüglich (siehe S. 34).

5. Schritt: Waschen und Kneten der Butter

Die Buttermasse muß jetzt ein paarmal gut abgebraust und unter fließendem kaltem Wasser gewaschen werden.
Während des Waschens muß die Butter von Hand kräftig geknetet oder mit 2 Holzspateln bearbeitet werden, damit möglichst alle Buttermilch herausgepreßt wird.
Bei Wunsch kann zum Schluß dieser Arbeit etwas Salz in die Butter eingearbeitet werden.

6. Schritt: Die Butter wird geformt

Damit die Butter schön aussieht, wird sie zum Abschluß von Hand oder mit Hilfe einer Butterform (Model) geformt (das Auge ißt mit!). Von Hand ist die Butter nur formbar, wenn man die Hände vorher in möglichst heißes Wasser taucht und die Butter so schnell wie möglich in Form bringt. Verwendet man ein Buttermodel, muß es 30 Min. vor der Benutzung in heißes Wasser gelegt und dann kurz mit kaltem Wasser ausgespült werden. Die Butter wird so eingefüllt, daß möglichst keine Luftlöcher entstehen. Danach wird die Form auf einen Teller gestürzt.

Hinweis:
Die Frage, wieviel Butter man erhält, kann nur annähernd beantwortet werden. Aus 1 Liter Kuhmilchrahm erhält man, je nach Fettgehalt, zwischen 100 und 150 Gramm Butter. Da Schafsmilch wesentlich fetter ist, kann die Butterausbeute hier pro Liter bis 350 g betragen.
Die Farbe von Kuhbutter hängt von der Jahreszeit und der Futterart ab, Schafsbutter ist immer weiß. Kuhbutter ist immer etwas härter als die vom Schaf.

Joghurt – was ist das?

Joghurt ist eigentlich nichts anderes als Sauermilch, die ganz einfach hergestellt werden kann. Der Milch werden Bakterien mit dem geheimnisvollen Namen Lactobacillus bulgaricus und Streptococcus thermophilus hinzugefügt und das Ganze einige Stunden gleichmäßig bei 45 °C warm gehalten – fertig.

Joghurt ist ein Gesundmacher

Warum ist Joghurt so gesund? Ganz einfach: Da ist alles drin, was auch in der Milch drin ist: Eiweiß, leicht verdauliches Fett, Calcium, Phosphor und Vitamine. Das Ganze wird durch die Säuerung leicht verdaulich gemacht, so leicht, daß manche Ernährungsforscher sagen, Joghurt sei bekömmlicher als süße Milch. Dies ist nicht bewiesen. Wir wissen aber, daß viele Menschen Joghurt essen können, die Milch nicht vertragen, z.B. solche, die eine Magenschleimhautentzündung haben. Die wichtigste Aufgabe des Joghurts besteht drin, auf den Darm aufzupassen. Seine Joghurtbakterien reinigen die Verdauungsorgane und beugen so einer der lästigsten Zivilisationskrankheiten vor, der Verstopfung. Das ist aber noch nicht alles. So ganz nebenbei regt Joghurt auch noch den Stoffwechsel an, beruhigt die Nerven, hilft bei Schlaflosigkeit, hohem Blutdruck und Allergien.

Joghurt ist ein Schlankmacher

„Schlank ist schön." Dieser Satz ist spätestens seit Twiggis Tagen nicht mehr wegzudenken. Schlank ist aber auch gesund. Die Ärzte hierzulande klagen immer noch, daß sich die Deutschen viel zu fett und viel zu reichlich ernähren und damit allen möglichen Krankheiten Vorschub leisten. Joghurt hat deshalb einen festen Platz in vielen Schlankheitsdiäten. Aber nicht nur als Zwischenmahlzeit – die eine Zeitlang ganz schön satt hält – ist Joghurt geeignet. Wenn man es geschickt anfängt, kann man sogar Kalorien (Joule) sparen, indem man beispielsweise die Mayonnaise beim Salat oder die saure Sahne an der Sauce ganz unauffällig durch Joghurt ersetzt.

Joghurt ist ein Schönmacher

Zwar, liebe Leser, haben Sie dies wahrscheinlich nicht nötig, doch ist interessant zu wissen, daß im alten Persien die Mütter ihren Töchtern Joghurt zu essen gaben, damit sie einen feineren Teint bekämen. Wer damals heiraten wollte, mußte seine Braut erst kaufen, und eine glatte, schöne Haut trieb die Preise hoch.

Die Frauen von heute reiben sich Joghurt und Molke ins Gesicht und sind damit gut beraten, mit Sicherheit besser als mit vielen chemischen Schönheitsmittelchen. Zum Beispiel führt eine Maske aus Sahnejoghurt trockener Haut gut aufnehmbares Milchfett und reichlich Vitamine zu. Eine Maske aus Magermilchjoghurt (fettarmer Joghurt), vermischt mit geschlagenem Eiweiß, pflegt und strafft fette Haut. Auch wenn die Haut durch einen kräftigen Sonnenbrand zerstört wurde, hilft Joghurt. Er wird dünn auf die verbrannten Hautbezirke aufgetragen und nach einer halben Stunde mit lauwarmem Wasser abgespült. Auf diese Weise werden der erste Schmerz gelindert und die Heilung beschleunigt.

Joghurt hat eine lange Tradition

Kennen Sie Kuomi, Dani, Lassi oder Chass? Diese und viele andere Namen trägt ein weißes Wundermittel, das seit Jahrtausenden in der ganzen Welt berühmt ist: Joghurt. Es hielt schon Abraham bis ins hohe Alter vital. Es half Moses, eine 40 Jahre lange Wüstenwanderung zu überstehen. Und ihm verdanken die Hebräer, daß sie heute „die alten Hebräer" genannt werden.

Dschingis Khan ließ große Mengen Joghurt an seine Soldaten verabreichen, bevor er sie in die Schlacht schickte, und praktizierte damit eine Art frühmittelalterliches „Doping".

Die Inder sagen dem Joghurt nach, daß er die Nerven beruhigt und friedlichen Schlaf bringt. Als die Yogis vor zweieinhalbtausend Jahren ihren Anhängern den Genuß saurer Speisen verboten, nahmen sie den Joghurt aus. Das sei – so argumentierten sie – eine göttliche Speise, besonders, wenn sie mit Honig vermischt werde.

Den Bulgaren gebührt das Verdienst, die göttliche Speise, die von ihnen „kisle mleko" genannt wird, in Europa eingeführt zu haben – und das ist auch schon 13 Jahrhunderte her. Doch erst in unserem kalorienzählenden Jahrhundert trat der cremige Schlankmacher vom Balkan aus seinen Siegeszug an.

Ein russischer Professor gab ihm die Starthilfe. Ilya Metchnikoff – so heißt der Forscher – entdeckte, daß in Bulgarien über 100 Jahre alte Menschen durchaus keine Seltenheit waren. Der Vergleich mit Amerika machte ihn stutzig. Sehr bald stieß er bei seinen Nachforschungen auf den reichlichen Joghurtverbrauch der Bulgaren und machte sich daran, die Speise, die vom französischen Eroberer Franz I. als „Milch des ewigen Lebens" in Frankreich bekannt gemacht worden war, zu untersuchen.

Was er dabei herausfand, überzeugte den späteren Nobelpreisträger endgültig.

Joghurt – so entdeckte er – bremst durch seine Bakterien die schädlichen Ausscheidungen wichtiger anderer Darmbakterien und trägt dadurch zur Verlängerung des Lebens bei. Fortan verschlang Metchnikoff täglich riesige Mengen Joghurt und versicherte, daß er dadurch 150 Jahre alt werde. Sein Tod im Alter von 71 Jahren versetzte seinen Anhängern einen gewaltigen Dämpfer. Dem guten Ruf des Joghurts schadete das jedoch keinesfalls. Eleanor Roosevelt – einst First Lady der USA – rühmte ihn in Zeitschriften. Mahatma Ghandi empfahl ihn als Volksspeise, und die Bulgaren werden auch weiterhin steinalt.

„Wonderfood" nennen die die Amerikaer ihre Joghurt-Wundernahrung, und das ist kein Wunder, wenn man bedenkt, wie vielseitig er zu verwenden ist.

Joghurt – ganz leicht selbstgemacht

Das Selbstmachen von Joghurt ist einfach und so preiswert, daß es mich wundert, daß diese Möglichkeit nicht noch mehr genutzt wird. Ein selbstgemachter Joghurt kostet höchstens die Hälfte. Außerdem weiß man, was drin ist.

Welche Milch ist geeignet?

Zur Joghurtherstellung kann grundsätzliche jede handelsübliche Milch aus dem Geschäft (auch H-Milch) in jeder Fettgehaltsstufe verwendet werden. Je nachdem, ob man einen Magerjoghurt oder ein fetteres Produkt möchte, kann Magermilch (entrahmte Milch – 0,3% Fett), fettarme Milch (teilentrahme Milch mit 1,5% Fett) oder Vollmilch (mit 3,5% Fett) gewählt werden.
Alle diese Milchsorten aus dem Geschäft sind homogenisiert, pasteurisiert oder ultrahocherhitzt. Sterilisierte Milch sollte, da viele Vitamine stark geschädigt sind, nicht genommen werden.
Rohmilch ab Hof sollte unter Rühren auf ca. 80 °C erhitzt und anschließend auf 45 °C abgekühlt werden.
Zur Abkühlung stellt man die Milch ohne Deckel an einen kühlen Ort. Das Erhitzen der Rohmilch hat den Vorteil, daß ein Joghurt entsteht, der reintönig und mild schmeckt. Pasteurisierte oder ultrahocherhitzte Ladenmilch muß lediglich auf 45 °C erwärmt werden.
Joghurt wird heute bei uns nur aus Kuhmilch hergestellt, obwohl er in seiner Heimat Bulgarien früher nur aus Schafsmilch gemacht wurde.

3 Schritte zum Joghurt

1. Schritt: Erwärmung der Milch auf 45 °C

Die Milch in einen Topf geben und unter Rühren auf 45 °C erwärmen.

2. Schritt: Zugabe der Joghurtkultur

Der Milch werden jetzt Joghurtbakterien zugefügt. Dies kann in Form von Joghurtferment geschehen oder einfacher, indem man der Milch ungefähr 15% ihres Gewichts an möglichst frischem Naturjoghurt zufügt (pro Liter 150 = 1 Becher) Gramm. Niemals Fruchtjoghurt verwenden!
Am zweckmäßigsten macht man es so, daß man den Joghurt mit etwas Milch verrührt und mit einem Schneebesen oder Rührgerät in die Milch einrührt.
Temperatur überprüfen. Sie muß jetzt bei 45 °C sein.

3. Schritt: Warmhalten der mit Joghurtkultur geimpften Milch

Hier kommen mehrere Möglichkeiten in Frage. Entweder man stellt die Milch in den auf gut 50 – 60 °C aufgeheizten und nach 30 Minuten wieder ausgeschalteten Backherd (Thermometer) oder in eine gut isolierte Kühltasche bzw. in eine selbstgebaute isolierte Kiste entsprechender Größe. Nach 8 – 12 Stunden ist der Joghurt fertig. Es ist darauf zu achten, daß während dieser Standzeit jede Erschütterung vermieden wird.
Auch das Einstellen des Topfes in das Bett oder einschlagen in eine dicke Wolldecke ist praktikabel.
Eine weitere Möglichkeit der eigenen Herstellung ist die Verwendung eines elektrischen Joghurtgerätes, das in verschiedenen Ausführungen (meist mit 6 Portionsgläsern) im Elektro-Fachhandel zu kaufen ist. In diesem Falle muß die Milch vorher natürlich nicht erwärmt werden. Dies besorgt das Gerät über Nacht selbst.

Tips:
Wenn Sie den angesetzten Joghurt zusätzlich mit 3 gehäuften Eßl. Milchpulver verquirlen, wird der Joghurt noch fester und ist außerdem eiweißreicher.
Wenn der Joghurt richtig süß schmekken soll, empfiehlt es sich, der Milch, bevor sie mit Joghurtkulturen versetzt wird, einige Löffel Zucker (auch Vanillinzucker) zuzumischen.
Wer Fruchtjoghurt mag, mischt dem fertigen Joghurt Früchte, Marmelade, Konfitüre oder Gelee bei.

Wichtig!
Von jedem fertigen Joghurt etwa 1 Tasse zurückbehalten. Er dient als Starterkultur für den neuen Joghurt. Wenn man mit einem gekauften Joghurt beginnt, kann man den Vorgang 4- bis 5mal wiederholen. Bei Einsatz eines Joghurtferments (Reformhaus) ungefähr 10- bis 15mal.

Tip:
Der Ansatz für den Joghurt kann auch gut in eine Thermoskanne gegeben und so gereift werden.

Kefir – eine klassische kaukasische Köstlichkeit

Die Heimat des Kefirs ist der Kaukasus. Biologisch gesehen ist Kefir ein Pilz, bei dessen Stoffwechsel Stoffe entstehen, welche nach Meinung bekannter Wissenschaftler und Autoren viele Krankheiten sowohl verhindern als auch heilen können. Kefir-Trinkkuren werden deshalb u.a. bei Stoffwechselerkrankungen, Krebs, Tuberkulose verordnet.
Es ist z.B. nachgewiesen, daß der Kefirpilz in nur wenigen Tagen Thyphusbazillen vernichtet und sogar hartnäckige Diarrhoe beseitigen kann. Wenn man dies alles bedenkt, ist es um so mehr zu empfehlen, den Kefirpilz als ständigen „Hausgast" aufzunehmen.
Die Herstellung ist völlig unproblematisch, besonders deshalb, weil nicht wie beim Joghurt eine Wärmequelle benötigt wird.
Der Pilz gedeiht und wächst am besten bei Zimmertemperatur (20 – 22 °C). Kefir hat den kleinen Nachteil, daß er nach der Herstellung selbst im Kühlschrank schnell sauer wird; er sollte darum möglichst frisch genossen werden.
Der Kefirpilz verarbeitet einen geringen Teil des Milchzuckers in Milchsäure, einen größeren Teil in Alkohol + CO_2 worauf seine leicht prickelnde Eigenschaft zurückzuführen ist.
Interessant ist auch zu wissen, daß Kefir im Gegensatz zu Joghurt eine stopfende Wirkung hat.

Welche Möglichkeiten gibt es, Kefir selbst zu machen?

Grundsätzlich zwei:
Entweder Sie beschaffen sich von Bekannten oder Freunden einen kleinen Kefirpilz – dies wäre der Idealfall (ich weiß nicht, wo man den Kefirpilz kaufen kann) –, oder Sie besorgen sich in einem Reformhaus ein Kefirferment und verfahren nach Gebrauchsanweisung.
Allgemein kann gesagt werden, daß bei der Verwendung eines Kefirfermentes genauso vorgegangen wird wie bei der Joghurtbereitung, nur mit dem Unterschied, daß die Milch nicht erwärmt werden muß.
Wenn Sie aber durch Glück einen Kefirpilz, er hat das Aussehen eines Blumenkohlröschens, das immer größer wächst, aufgetrieben haben, können Sie folgendermaßen vorgehen:
Suchen Sie sich ein Einmachglas mit Deckel (Sauberkeit versteht sich von selbst) und füllen Sie 1 Liter pasteurisierte Vollmilch oder Rohmilch bis ungefähr 3 cm unter den Rand ein. Jetzt fügen Sie den Kefirpilz hinzu, legen den Deckel auf und lassen das Glas bei Zimmertemperatur gut 1 Tag stehen.
Dann ist die kaukasische Köstlichkeit fertig. Alles wird durch ein Sieb gegossen und im Kühlschrank aufbewahrt. Möglichst schnell trinken.
Im Sieb bleibt der Pilz zurück. Er wird mit

kaltem Wasser abgebraust und sofort wieder, wie beschrieben, mit Milch angesetzt.
Wenn man einmal keinen Kefir machen will, so achte man darauf, daß der Pilz während dieser Zeit laufend mit Milch bedeckt ist. Diese Milch muß aber täglich durch frische ersetzt werden, da der Pilz sonst Fäden zieht. Falls dies einmal passieren sollte, kann er meist noch gerettet werden, indem der gründlich in stark warmem (nicht heißem) Wasser abgebraust wird. Alle weichen Teile sind dann zu entfernen. In seinem Zentrum sind im Normalfall noch einige gesunde Kefirknötchen mit fester Struktur, die wieder als Ansatz verwendet werden können.
Wieviel Kefirpilz jeweils in die Milch gegeben wird, hängt ab von individuellen Geschmackswünschen: Jeder sollte selbst ausprobieren, wieviel Pilze er verwenden möchte.

Tip:
Wenn Sie in Urlaub fahren oder längere Zeit abwesend sein müssen, so kann der Kefirpilz in einem Becher mit Wasser verdünnter Milch auch eingefroren und bei Bedarf wieder aufgetaut werden. Der Pilz wird durch das Einfrieren zwar leicht geschädigt, er erholt sich aber innerhalb weniger Tage wieder.

Gutes von und mit Käse – Rezepte –

Joghurtkäse mit Gurken

für 4 Personen

Was brauche ich?

1 Liter Joghurt
2 mittelgroße Gurken, geschält, entkernt (wenn die Kerne groß sind) und feingehackt
60g rote Zwiebeln, sehr fein gehackt
4 Radieschen
60g Walnüsse, feingehackt
30g Korinthen
1 Eßl. feingehackter Dill
1 Eßl. feingehackte Weinblätter
Salatblätter, Salz

So wird's gemacht!

Käseleinen in Wasser tauchen, auswringen, über ein Sieb legen. Joghurt kreuz und quer mit dem Messer schneiden und vorsichtig in das Käseleinen schütten. Jeweils die gegenüberliegenden Ecken des Käseleinens fest zusammenbinden, so daß ein Beutel entsteht. Den Beutel über Nacht über eine Schüssel hängen, bis ein cremiger Frischkäse entsteht. Wenn er streichzart ist, den Joghurt-Frischkäse aus dem Beutel in eine Schüssel umfüllen. Alle Zutaten mit Ausnahme der Salatblätter zum Joghurtkäse geben, gut vermischen. Mischung mit einem Eisportionierer zu Kugeln formen und auf einer mit Salatblättern belegten Platte anrichten und gut gekühlt servieren.

Hinweis:
Eingelegte Weinblätter aus dem Geschäft müssen vor der Verwendung zunächst mit kochendem Wasser übergossen werden. Die Blätter mit einem Holzlöffel vorsichtig voneinander trennen und 2 Min. im Wasser liegen lassen. Das warme Wasser abgießen und die Blätter mit kaltem Wasser bedecken. Ein Stückchen Weinblatt probieren. Wenn die Blätter nicht mehr zu salzig sind, können sie verwendet werden.

Käse in Weinblättern

für 4 Personen

Was brauche ich?

Beliebige Reste von Weich-, Schnitt und Hartkäse in 2-cm-Würfel geschnitten
Pro Käsewürfel
1 frisches Weinblatt
4 Brotscheiben, frisch oder getoastet

So wird's gemacht!

Frische Weinblätter kurz waschen und um die Käsewürfel falten.
Die Blätterpäckchen mit der Naht nach unten dicht nebeneinander in eine feuerfeste Schüssel legen.
In den vorgeheizten Backofen stellen und bei 220 °C etwa 15 Min. garen, bis die Blätter dunkel werden und leicht am Boden haften.
Die Päckchen fühlen sich weich an, wenn man mit dem Finger daraufdrückt.
Herausnehmen und auf den Brotscheiben servieren.

Gegrillter Schafskäse

für 4 Personen

Was brauche ich?

300g Schafskäse
30g zerlassene Butter
Paprika, edelsüß

So wird's gemacht!

Käse in 4 dicke Scheiben schneiden. Jede Käsescheibe auf ein gut mit Butter bestrichenes Blatt Pergamentpapier (20 x 25 cm) legen. Mit einer Prise Paprika bestreuen und dann in das Papier einschlagen.
Ein kräftiges Holzkohlen- oder Holzfeuer vorbereiten. Wenn die brennenden Holzkohlestückchen mit grauer Asche bedeckt sind, die 4 Käsepäckchen so auf den heißen Grill legen, daß sie ungefähr 10 cm von der Holzkohle entfernt sind. Etwa 2 1/2 bis 3 Minuten garen, zwischendurch einmal umdrehen. Das Pergamentpapier soll von dem Rost des Grills gemustert und leicht angekohlt, aber nicht verbrannt sein. Eine Handvoll Tannennadeln kann kurz vor dem Auflegen des Käses in die Holzkohlen geworfen werden, um das Aroma des Käses zu verstärken. Die Käsepäckchen auf den Tisch bringen, öffnen und jede Scheibe mit der gewürzten Seite nach oben auf einen vorgewärmten Teller legen. Die zerlassene Butter darüber verteilen und servieren.

Frischkäse mit Mandeln

für 4 Personen

Was brauche ich?

200g Schlagsahne
200g Frischkäse (Quark)
Pfeffer, Zitronensaft,
grob gehackte Mandeln
Salz

So wird's gemacht!

Sahne steif schlagen. Frischkäse damit verrühren, mit Pfeffer, Zitronensaft und Salz abschmecken.

Tip („Gesundheitskäse"):
Dieser Käse eignet sich vorzüglich als Aufstrich für helles Land- oder Roggenbrot. Nach Belieben mit Pfeffer bestreuen.

„Gesundheitskäse"

für 4 Personen

Was brauche ich?

250g trockenen Ziegenkäse, gerieben
150 ml Ziegen-/Kuhmilch
1 Eßl. Blauschimmelkäse (vom Käselaib mit dem Messer abgeschabt)
ca. 5 Eßl. Weinbrand

So wird's gemacht!

Ziegenkäse 1/2 Stunde in der Ziegen-/Kuhmilch einweichen, dann zu einer glatten Masse verkneten (weich, jedoch nicht flüssig). Wenn die Masse glatt ist, den Blauschimmelkäse (z.B. Roquefort oder selbstgemachten) hinzufügen. Mischung durchkneten, in einer Schüssel 2 Tage an einem kühlen Platz mit einem Tuch zugedeckt stehen lassen. Dann einen größeren Steinzeugtopf mit Weinbrand auspinseln. 1 Eßl. davon unter die Käsemasse rühren. Käse in den Steintopf geben, fest zusammenpressen, damit alle Luft entweicht. Sollte die Masse zu fest sein, noch etwas Milch unterrühren. Pergamentpapier mit Weinbrand benetzen, auf den Käse legen. Steintopf mit Deckel verschließen. Dann den Käse zwei Wochen an einem kühlen Platz reifen lassen.

Quarkklöße

für 4 Personen

Was brauche ich?

200g Sauermilch-, Buttermilch- oder Butterquark
90g Butter (60g zerlassen, 30g weich)
2 kleine Eier, verquirlt
Salz, Mehl, 170 ml Milch
150g trockener Pumpernickel, zerbröselt

So wird's gemacht!

Quark in Schüssel geben, langsam mit der weichen Butter verrühren, Eier und Salz dazugeben. Abwechselnd in kleinen Mengen Milch und Mehl hinzufügen, alles zu weichem Teig verarbeiten. Die Mehlmenge richtet sich nach der Beschaffenheit des Frischkäses. Teig gut durcharbeiten, mit einem vorher in kaltes Wasser getauchten Löffel Klöße formen. In einem großen Kochtopf Wasser kochen, Klöße hineingeben, 10 Min. ziehen lassen. Sobald sie an die Oberfläche steigen, einen Quarkkloß herausnehmen, um festzustellen, ob er innen gar ist. Die fertigen Klöße abtropfen lassen, mit Pumpernickelbröseln bestreuen, zerlassene Butter darübergeben.

Bauernpudding

für 4 Personen

Was brauche ich?

500g körnigen Hüttenkäse (siehe Rezept Seite 37 oder gekauft)
50g weiche Butter
130g Schinken, fein gewürfelt (gekocht oder roh)
6 Eier, verquirlt
Salz und frisch gemahlener weißer Pfeffer

So wird's gemacht!

Den Hüttenkäse in eine Schüssel geben und mit der weichen Butter vermengen. Schinkenwürfel hinzufügen. Die verquirlten Eier gut mit Salz und Pfeffer würzen und nach und nach unter die Käse-Schinken-Mischung arbeiten. Die Mischung in eine mit Butter ausgestrichene feuerfeste Form geben. Die Form in ein Wasserbad stellen und im vorgeheizten Backofen bei 180 °C 1 Stunde backen, bis die Masse fest ist. Auf eine Platte stürzen und kalt mit Salat servieren.

Geschlagener Quark mit Kräutern

für 4 Personen

Was brauche ich?

500g Quark aus Sauermilch
30g gehackte Kräuter
2 Schalotten, sehr fein gehackt
1 zerdrückte Knoblauchzehe
Salz und frisch gemahlener Pfeffer
4 Eßl. Sahne (bei Wunsch)
2 Eßl. Weißwein (nach Belieben)
2 Eßl. Öl (nach Belieben)
1 Teel. Essig (nach Belieben)

So wird's gemacht!

Den Quark mit Kräutern, Schalotten und Knoblauch kräftig verrühren. Mit Salz und Pfeffer nach Geschmack würzen. Nach Belieben Sahne, Wein, Öl und Essig unterrühren. Zum Servieren den Quark auf eine Platte geben und zu einem Kreis oder Rechteck formen. Er hält sich, sorgfältig zugedeckt, im Kühlschrank mehrere Tage und wird im Geschmack immer kräftiger.

Gefüllte Bauernbrötchen

Von Brötchen dünne Deckel abschneiden, den unteren Teil aushöhlen und mit feingeschnittenem Käse, Schinken und feingewürfelter Zwiebel füllen, die zuvor in einer Schüssel mit einer kleinen Dose Champignons, Salz, Pfeffer, Paprika, etwas Zucker und einem Eigelb vermischt werden.
Die gefüllten Brötchen in den vorgeheizten Ofen oder Grill schieben, bis der Käse schmilzt.

Garnierung:
Frische Dillspitzen.
Dazu paßt Bier und ein eiskalter Klarer.

Badischer Bibbeleskäs'

für 4 Personen

Was brauche ich?

500g Sahnequark (selbstgemacht oder gekauft)
1/2 Tasse saure Sahne
1/2 Bund Schnittlauch
1 kleine Zwiebel
2 Teel. Kümmel (10 Minuten in heißem Wasser einweichen)
1 Eßl. feingehackte Petersilie
Salz

So wird's gemacht!

Quark und saure Sahne mit der Gabel gut vermengen, Schnittlauch abspülen, trokkentupfen und schneiden. Zwiebel schälen und sehr fein würfeln. Den Frischkäse mit Schnittlauch, Zwiebeln, Kümmel und Salz nach Belieben würzen, den fertigen Frischkäse mit der Petersilie bestreuen.

Dazu passen:
helles Bauernbrot, frischer Most (neuer Wein) oder ein kühles Bier.

Handkäs' mit Musik

für 4 Personen

Was brauche ich?

400g Handkäse (Sauermilchkäse, Harzer, Mainzer)
6 Eßl. Essig
5 Eßl. Öl
4 Eßl. Wasser
Kümmel,
Pfeffer aus der Mühle
Zwiebeln

So wird's gemacht!

Handkäse je nach Wunsch in Scheiben schneiden oder ganz lassen. Zwiebeln feinhacken, Essig, Öl und Wasser verrühren, mit etwas Pfeffer abschmecken. Die Soße über den Käse geben und gut durchziehen lassen. Beim Anrichten Kümmel darüberstreuen.
Dazu schmeckt frisches Kastenweißbrot mit selbstgemachter Butter. Als Getränk wird Apfelwein oder Bier empfohlen.

Gebackener Weichkäse

für 4 Personen

Was brauche ich?

1 Weichkäse (ca. 300g)
(5 – 7 Tage gereift)
1 ganzes Ei
1 Eßl. Sauerrahm
5 Eßl. Semmelbrösel
2 Eßl. Butter

So wird's gemacht!

Den Weichkäse einige Stunden bei Zimmertemperatur liegen lassen. Ei mit dem Sauerrahm verquirlen, Käse darin wenden und anschließend in den Semmelbröseln wälzen. Butter erhitzen und den Käse nach dem Ausschäumen darin goldbraun backen, auf vorgewärmtem Teller anrichten.

Fritierter Camembert

Einen gut gekühlten Camembert in Viertel und diese Viertel in zwei oder drei Scheiben schneiden. Verwenden Sie einen noch nicht zu reifen selbstgemachten Camembert, der beim Fritieren nicht ausläuft. Die Käsescheiben werden mit Pfeffer aus der Mühle gewürzt und in Mehl, einem verrührten Ei und in Paniermehl, dann nochmals in Ei und in Paniermehl gewendet. In heißem Öl oder Fett goldbraune Beignets backen und abtropfen lassen. Sofort servieren.

Tip:
Schmeckt auch als Dessert herrlich zusammen mit heißen Birnen, die mit Williamsgeist übergossen werden, oder mit warmen, mit Marc parfümierten Trauben oder Preiselbeeren.
Ganz raffinierte Gourmets flambieren die Beignets mit Marc oder Williams.

Pikante Frischkäse-Zubereitung

für 4 Personen

Was brauche ich?

500g Quark
150g Butter
6 Eßl. süße Sahne
4 Teel. Kräutersalz
2 Eßl. Kapern
(klein gehackt)
2 feingehackte, kleine Zwiebeln
2 Eßl. Paprika, edelsüß
frisch gemahlener Pfeffer

So wird's gemacht!

Quark mit Sahne und der Butter zu einer schaumigen Masse verrühren. Gewürze zugeben, alles vermengen und mit Pfeffer abschmekken.

Garnierungsvorschlag:
Rote oder grüne Paprikastreifen, Gewürzpaprika.

Camembert-creme

für 4 Personen

Was brauche ich?
300g Camembert (selbstgemacht oder gekauft)
150g Butter
etwas Vollmilch
1 Knoblauchzehe (groß)
(mit Salz zerrieben)
Paprika, Edelsüß
Kümmel oder Schnittlauch

So wird's gemacht!
Camembert, Butter und Milch zu einer cremigen Masse verarbeiten (Camembert evtl. durch die Spätzlepresse drükken). Mit den Gewürzen abschmecken.

Grüner Camembert

für 4 Personen

Einen nicht zu reifen Camembert in Achtel zerteilen und ein paar Minuten in eine Marinade aus Essig, Öl, Zucker, einer Prise Salz, Pfeffer und einer halben zerdrückten Knoblauchzehe legen.
Den marinierten Käse in frischer, gehackter Petersilie panieren und auf Holzspießchen stecken. Mit Schwarzbrot servieren.

Edelpilzkäse-Dip

für 4 Personen

Was brauche ich?
200g Edelpilzkäse
1 Becher Crème fraîche
6 Eßl. Portwein
2 Eigelb
4 Eßl. gehackte Walnüsse

So wird's gemacht!
Den Käse mit einer Gabel zerdrücken, alle anderen Zutaten untermischen.

Edelpilzkäse-creme mit Walnüssen

für 4 Personen

Was brauche ich?
200g Blauschimmelkäse
200g Quark
100 ml süße Sahne
2 Eßl. Sherry
Petersilie (grob gehackt)
10 halbe Walnußkerne
Pfeffer aus der Pfeffermühle

So wird's gemacht!
Blauschimmelkäse zerkleinern (evtl. Spätzlepresse), mit Quark innig vermengen, Sahne steif schlagen und unterrühren. Mit Sherry und Pfeffer abschmecken.
Mit Walnüssen und Petersilie garnieren.

Kalte Frischkäsesoße

für 4 Personen

Was brauche ich?

Sauermilchquark (aus Voll- oder Magermilch)
Joghurt
Sauermilch
Feingehackte Zwiebel
Petersilie
Dill
Schnittlauch,
evtl. rohe oder gedämpfte junge Brennesseln
Kräutersalz

So wird's gemacht!

Der verwendeten Menge Quark so viel Joghurt zugeben, bis durch Rühren eine dickflüssige Soße entsteht. Die feingehackte Zwiebel und die feingeschnittenen Kräuter untermischen, mit Kräutersalz abschmecken.

Süßer russischer „Käsekuchen" (Paskha)

für 4 Personen

Was brauche ich?

500g Quark aus Sauermilch (oder Magerqark)
120g Butter
170g Zucker
2 Eigelb
80g Süßmandeln
120 ml saure Sahne
1 Teel. Vanillezucker
Evtl. Rosinen
1 Blumentopf
(1–1,5 Liter fassend)
1 rote Blüte

So wird's gemacht!

Butter mit Zucker schaumig rühren, 2 Eigelb darin verrühren, bis ein glatter Teig entsteht. Quark, Mandeln, Sahne, Vanillezucker und Rosinen zugeben. Alle Zutaten intensiv vermengen. Blumentopf mit einem feuchten Tuch auslegen, die ganze Masse luftfrei einfüllen und 24 Stunden kühl stehen lassen. Zum Servieren wird der Käsekuchen auf einen Teller gestürzt und mit einer Blüte dekoriert.
Paskha wird in Teilen Rußlands und in anderen osteuropäischen Ländern als Dessert und als Torte bei Festen gegessen.

Kirschenmichel mit Quark

für 4 Personen

Was brauche ich?

2 Eier, getrennt
50g Butter
2 Eßl. Honig
500g Quark
75g Vollkorngrieß
1 Teel. Backpulver
Schale einer halben Zitrone
500g Kirschen

So wird's gemacht!

1. Eigelb mit Butter und Honig schaumig rühren, Quark, Grieß, Backpulver und Zitronenschale unterrühren, entsteinte Kirschen untermischen.
2. Eischnee steif schlagen, unterziehen. Masse in ausgebutterte Auflaufform füllen, bei 200 °C 45 Minuten backen.

Tip:
Quarkkirschenmichel kalt oder warm mit Vanillesoße oder Sahne servieren.

Joghurt-Getränke

Heidelbeertrunk

Was brauche ich?

200 g Heidelbeeren
600 g Joghurt
5 Eßl. Zucker
Cognac nach Geschmack

So wird's gemacht!

Die gewaschenen Heidelbeeren passieren und den Saft mit dem Joghurt verrühren. Zuckern und mit Cognac abschmecken.

Himbeercocktail

Was brauche ich?

250 g frische Himbeeren
3 Eßl. Zucker
200 g Joghurt
1/2 Päckchen Vanillezucker
4 Eßl. Weinbrand

So wird's gemacht!

Alle Zutaten im Mixer gut vermischen. Danach durch ein Sieb geben, um die Kerne zu entfernen.

Kirschcocktail

Was brauche ich?

300 g Schattenmorellen aus dem Glas
1 Eigelb
200 g Joghurt
Zucker nach Geschmack
etwas Zimt

So wird's gemacht!

Die Kirschen abtropfen lassen und im Mixer pürieren. Den Saft mit dem Eigelb mischen und zuletzt den Joghurt und den Zucker hinzufügen. Zum Schluß etwas Zimt darunterrühren.

Schokoladenmix

Was brauche ich?

200 g Joghurt
1/8 l Milch
3 Eßl. Zucker
1 Eßl. Kakao
1 Eßl. Schokoladenstreusel

So wird's gemacht!

Joghurt mit Milch, Zucker und Kakao verquirlen.
Mit Schokoladenstreuseln bestreuen.

Bananenfruchtsaftgetränk

Was brauche ich?

200 g Joghurt
1 große Banane
1/4 l Orangensaft
1 Eßl. Zitronensaft
1 Päckchen Vanillezucker

So wird's gemacht!

Die Banane wird geschält, zerdrückt und zusammen mit dem Joghurt und den Säften im Mixer schaumig geschlagen.

Orangentrunk

Was brauche ich?

200 g Joghurt
1/8 l Milch
2 cl Orangenlikör
1/2 Orange
1 Eßl. Schokoladenstreusel

So wird's gemacht!

Joghurt mit Milch und Orangenlikör verquirlen.
Die Orangenfilets pürieren und unterrühren.
Mit den Schokoladenstreuseln bestreuen.

Zutaten für 1 1/8 Liter Joghurt

Was brauche ich?

1 Liter Milch (Rohmilch vorher abkochen),
evtl. 3 Eßl. Mager- oder Vollmilchpulver,
1 Becher Naturjoghurt (nicht wärmebehandelt) oder Joghurtferment.

So wird's gemacht:

Die Milch mit allen übrigen Zutaten in einen kleineren Topf geben, unter kräftigem Rühren auf 45 °C erwärmen (Thermometer), Temperatur überprüfen, sie muß jetzt 45 °C betragen. Topf zudecken und in dicke Wolldecke einhüllen oder ins Bett stellen.

Wichtig:

1. Keine Erschütterungen.
2. Nach ca. 10 Stunden ist der Joghurt fertig, jetzt 1 Tag kühlen (Geschmacksbildung)
3. Je nachdem, wie lange er reift, wird er milder oder säuerlicher.

Birnentrunk

Was brauche ich?

400 g Joghurt
3 Eßl. saftige reife Birnen
etwas Zimt
Zucker oder Honig nach Geschmack

So wird's gemacht!

Den Joghurt mit den kleingeschnittenen Birnen in den Mixer geben, schaumig rühren. Mit Zimt, Zucker oder Honig abschmecken.

Buttermischungen, die nicht jeder kennt

Bei allen Buttermischungen sind die angegebenen Zutaten jeweils auf eine Buttermenge von 250 Gramm bezogen. Nach Wunsch kann hier noch variiert werden, so daß eigene Kreationen entstehen. Zu beachten ist, daß die Butter immer gut zimmerwarm ist, damit sie sich leicht vermengen läßt. Allgemein gilt, daß alle Zutaten möglichst fein gewiegt unter die Butter gerührt werden.

Tip:
Alle Buttermischungen eignen sich auch zum Tieffrieren.

Anchovisbutter:	4 Teel. Anchovispaste
Bäuerin-Butter:	4 hartgekochte, passierte Eigelbe, 1 Teel. Senf (mittelscharf), 2 Eßl. Weißwein (trocken), frisch gemahlener, schwarzer Pfeffer, 1 Spritzer Zitronensaft, Salz, Cayennepfeffer
Butter, rot-grün:	1 Teel. Salz, 2 Messerspitzen Knoblauchpulver, 4 feingehackte Schalotten, 4 Eßl. eingelegte Tomatenpaprika, 4 Eßl. gehackte Kräuter
Currybutter:	2 Eßl. Currypulver, Salz
Dillbutter:	2 Eßl. feingewiegter Dill, 2 hartgekochte, grob zerhackte Eier, Salz
Kaviarbutter:	125 g deutscher Kaviar (Seehasenrogen), 1 Eigelb, gekocht und passiert, 1 Spritzer Zitronensaft, Salz
Käsebutter:	120 g geriebener Kräuterkäse, Salz
Krabbenbutter:	200 g püriertes Krabbenfleisch, Pfeffer, Salz
Kräuterbutter:	1/3 Bund Schnittlauch, 1/3 Bund Petersilie, 1/3 Bund Dill, Salz, 1/2 Teel. Knoblauchsalz, 5 Radieschen
Lachsbutter:	2 Messerspitzen Cayennepfeffer, 3 feingehackte Schalotten, 150 g Räucherlachs, feingehackt und durch ein Sieb gestrichen
Meerrettichbutter:	2 Eßl. Meerrettich, Salz

Nußbutter: 150 g gemahlene Walnuss- oder Haselnüsse

Olivenbutter: 1 Teel. Salz, 10 Tropfen Tabasco,
10 gefüllte, gehackte Oliven, 5 ganze, feingehackte Walnüsse

Paprikabutter: 2 Eßl. Rosenpaprika (scharf), Salz

Parmabutter: 2 Eßl. Pistazien,
1 Teel. Salz,
2 Eßl. gehackte Walnüsse,
2 Messerspitzen weißer Pfeffer, 4 Eßl. geriebener Parmesankäse

Pistazienbutter: 1 Teel. Salz, 1 Messerspitze Zucker,
4 Eßl. gehackte Pistazien

Rauchsalzbutter: 3 Teel. Rauchsalz

Sardellenbutter: 4 Teel. Sardellenpaste

Scharfe Pfefferbutter: 1 Teel. Selleriesalz,
2 Messerspitzen Knoblauchpulver,
1 Teel. schwarzer Pfeffer

Schinkenbutter: 150 g roher oder gekochter Schinken (feingewiegt)

Senfbutter: 2 Eßl. Senf, 2 hartgekochte, passierte Eigelbe

Toastbutter: 2 Eßl. Zitronensaft,
2 Messerspitzen Cayennepfeffer, 2 Messerspitzen Knoblauchpulver,
2 Teel. Pimentpulver,
1 Teel. Salz,
2 Messerspitzen Muskatnuß, 3 gehackte Schalotten, 2 Eßl. frisch gehackte Kräuter

Tomatenbutter: 4 Eßl. Tomatenmark,
1 kleine, feingewiegte Zwiebel,
Pfeffer, Salz

Trüffelbutter: 2 Teel. Zitronensaft,
1 Teel. Salz,
2 Messerspitzen Cayennepfeffer, 25 g Trüffelstücke, feingehackt

Zitronenbutter: Saft einer halben Zitrone, Salz

Das kleine Käse-ABC

Begriffserklärungen

Aminosäuren:
Aminosäuren sind die Bausteine der Eiweißstoffe und werden vom menschlichen Organismus zum Aufbau und zur Erhaltung seiner Substanz benötigt. Einige Aminosäuren können vom Organismus selbst aufgebaut werden, andere müssen mit der Nahrung aufgenommen werden. Deshalb heißen sie essentielle Aminosäuren.

Böhrling:
Als Böhrling bezeichnet man das Käsestückchen, das im Prüfvorgang aus einem Hart- oder Schnittkäse herausgezogen wird. Von diesem Böhrling wird ein Stück abgerissen, auf Aussehen, Aroma und Geschmack geprüft. Der Rest des Böhrlings wird wieder in den Käse eingeführt. Anschließend wird die Entnahmestelle mit Oberflächenschmiere verschlossen, damit der Käse wieder dicht ist.

Brennen:
Für die festen Käsesorten wie Hart- und Schnittkäse wird der Käsebruch nach dem Schneiden noch einmal auf 45 bis 52 °C nachgewärmt.
Diesen Vorgang nennt man Brennen: die Bruchkörner ziehen sich fester zusammen und lassen dadurch mehr Molke austreten. So wird der Wassergehalt verringert, die Trockenmasse erhöht und die Konsistenz der Käse fester.

Bürsten:
Verschiedene Käsesorten, wie zum Beispiel Allgäuer Bergkäse, werden während der Reifezeit regelmäßig mit einer Mischung aus Molke und Salzwasser abgebürstet.

Calcium:
Calcium ist ein lebenswichtiger Mineralstoff, der Knochen und Zähne festigt und steuernde Funktionen bei der Blutgerinnung, im Nervensystem und in der Muskulatur ausübt. Milch und Käse enthalten besonders viel und besonders leicht verwertbares Calcium.

Dickete:
Durch Labgerinnung dickgelegte Milch. Sie ist Grundlage für die Herstellung von Labkäse.

Eiweiß:
Eiweiß (Protein) ist ein wichtiger Nährstoff. Das Eiweiß im Käse ist besonders hochwertig, denn es enthält viele essentielle Aminosäuren und ist leicht verdaulich.

Faustregel:
Der als Fett i. Tr. angegebene Fettgehalt ist ca. doppelt so hoch wie der reale Fettgehalt.

Fett:
Fette sind wichtige Energielieferanten für den Organismus und wichtige Aromaträger.

Fettgehalt:
Der Fettgehalt im Käse muß deklariert werden, entweder in Prozent der Trockenmasse (Fett i. Tr.) oder als Fettstufe. Der absolute Fettgehalt ist wesentlich niedriger als die Fett-i.-Tr.-Angabe. Je nach Trockenmassegehalt beträgt er nur etwa die Hälfte.

Freie Sorten:
Bei Käse gibt es freie Sorten und Standardsorten. Freie Sorten sind in ihrer Zusammensetzung und Herstellungsweise vom Gesetzgeber nicht in allen Punkten exakt festgelegt. Sie können in Fett- und Trockenmassegehalt sowie bei Gewürzen und der verwendeten Milch variieren.

Frischkäse:
Ohne Reifung entsteht aus Quark Frischkäse. Zu dieser Gruppe gehören Speisequark, Rahm- und Doppelrahmfrischkäse, Schichtkäse, und körniger Frischkäse. Der Trockenmassegehalt beträgt je nach Fettstufe mind. 18 – 44%.

Halbfester Schnittkäse:
Diese Gruppen-Bezeichnung steht für die Käsesorten mit mittlerem Trockenmassegehalt (mind. 44%). Dazu gehören Butterkäse, Edelpilzkäse, Steinbuscher, Weißlacker.

Hartkäse:
Die Käsesorten mit dem höchsten Trockenmassegehalt (mindestens 60%) sind in der Gruppe der Hartkäse zusammengefaßt: Allgäuer Emmentaler, Chester, Allgäuer Bergkäse. Sie reifen mindestens 3 Monate.

Käsebruch:
Bruch (Bruchkörner) entsteht durch das Zerkleinern der dickgelegten Käsereimilch (Dickete) mit der Käseharfe. Je kleiner die Körner geschnitten werden, desto fester wird der Käse.

Käseharfe:
Um die Dickete in Bruchkörner zu schneiden, verwendet der Käser eine Käseharfe: ein Metallrahmen, in den feine Drähte eingespannt sind, so daß er wie eine Harfe aussieht. Dickmilchschneider haben die gleiche Funktion und sind für Laien leichter zu handhaben.

Lab:
Lab kann die Milch dicklegen, ohne sie zu säuern. Außer Kälberlab gibt es Bakterien- und Pflanzenlabstoffe.

Labkäse:
Aus mit Lab dickgelegter Milch reifen Labkäse. Sie reifen (außer Weichkäse) gleichmäßig durch den ganzen Teig.

Löcher im Käse:
Während der Reifung bilden die zugesetzten Reifungsbakterien bei manchen Käsesorten Kohlensäuregas. Es sammelt sich im Käseteig in verschieden großen Hohlräumen, wodurch die Käselöcher entstehen. Viele Käsesorten sind an der Lochung zu erkennen.

Mindesthaltbarkeitsdatum:
Diese Angabe ist bei allen abgepackten Käsen und bei Frischkäse aus der Bedienungstheke vorgeschrieben.

Milchsäurebakterien:
Milchsäurebakterien werden der Milch, teilweise in einer Mischung mit Lab, zugesetzt und bringen die Milch bei einer Temperatur von 30 – 32 °C zum Gerinnen.

Mineralstoffe:
Sie dienen dem Organismus als Bau- und Wirkstoffe. In der Nahrung müssen sie stets in ausreichender Menge vorhanden sein, denn der Körper kann sie selbst nicht aufbauen. Käse ist reich an Mineralstoffen, vor allem an Calcium.

Molke:
Der wäßrige Teil der Milch heißt Molke. Sie fließt bei der Käseherstellung teilweise ab, so daß die Käse fest werdenkönnen. Molke enthält noch Nährstoffe, vor allem Milchzucker und Molkeeiweiß.

Oberflächenschimmel:
Dazu gehört der weiße Camembert-Schimmel, denn er wächst auf der Käserinde. Edelpilzschimmel, die im Käseteig wachsen, heißen dagegen Innenschimmel.

Oberflächenschmiere:
Rot- oder Gelbschmierebakterien erzeugen während der Reifung auf der Käserinde eine Oberflächenschmiere. Sie ist genießbar.

Pasteurisierung:
Die Pasteurisierung ist das schonendste Wärmebehandlungsverfahren für die Milch. Für die meisten deutschen Käsespezialitäten wird die Milch vor dem Dicklegen wärmebehandelt, um eine unerwünschte Bakterienentwicklung zu verhindern.

Pressen:
Das Pressen dient einem vermehrten Molkeaustritt, dem rascheren und dichteren Zusammenschluß der Bruchkörner und damit der Festigung des Käses sowie einer rascheren und besseren Rindenbildung. Es wird meist bei größeren Käsen durchgeführt.

Prüfverfahren:
Es gibt zwei Prüfverfahren für Käse: Hart- und Schnittkäse werden mit dem Käsebohrer auf ihren Reifegrad überprüft: Es wird ein Böhrling gezogen, der auf Aussehen, Geruch und Geschmack geprüft wird; der Rest wird wieder zum Verschließen in den Käselaib eingeführt. Alle weicheren Sorten werden durch Anschneiden geprüft, das heißt, es wird eine Stichprobe gezogen, die durch Anschnitt bezüglich Aussehen, Geruch und Geschmack geprüft wird.

Reifung:
In dieser wichtigen Phase während der Käseherstellung entwickeln sich die Konsistenz, der Geschmack und das Aroma eines Käses.

Rinde:
Bei Käsesorten mit Rinde entsteht diese während der Reifung. Sie schützt den Käse vor dem Austrocknen.

Rohmilch:
Rohmilch ist für die Herstellung von Allgäuer Emmentaler und Allgäuer Bergkäse vorgeschrieben und darf zu diesem Zweck nicht wärmebehandelt werden. Daher unterliegt sie besonderen Qualitätsprüfungen.

Salzen:
Salz konserviert und würzt den Käse, es fördert den Molkeaustritt, die Haltbarkeit und die Rindenbildung.

Sauermilchkäse:
Aus magerem Sauermilchquark reifen die Sauermilchkäse. Sie sind daher alle fettarm und eiweißreich. Im Trockenmassegehalt liegen sie zwischen Weich- und Frischkäse.

Schmelzkäse:
Aus Hart- und Schnittkäse entstehen durch vorsichtiges Erhitzen und unter Zusatz von Schmelzsalzen Schmelzkäse. Weitere Zutaten können Milch, Rahm, Butter und Gewürze sein.

Schnittkäse:
So heißen die Käsesorten mit etwas niedrigerem Trockenmassegehalt als Hartkäse (mind. 49%). Dazu gehören zum Beispiel Tilsiter, Gouda, Edamer.

Standardsorten:
Standardsorten werden die Käsesorten genannt, für die es feste Herstellungsvorschriften gibt.

Kuriositäten und Redensarten rund um den Käse

Käse ist in aller Munde – im wahrsten Sinne des Wortes und auch im übertragenen Sinn. Zahlreiche Sprichwörter und Anekdoten ranken sich um das Thema Käse.

Volksmund

„Etwas zwischen Birnen und Käse versprechen"

Das ist eine Zusage, die in bester Laune nach dem Essen, beim Nachtisch, gegeben wird. Denn ein gutes Essen hält Leib und Seele zusammen. So ist jeder Mensch nach dem Genuß einer leckeren Mahlzeit ein gutgelaunter Zeitgenosse. Der Höhepunkt dieser fröhlichen Ausgeglichenheit wird nach dem Hauptgang erreicht, genau genommen eben zwischen dem fruchtigen Dessert und Käse.

„Den Käse ohne Brot essen"

Wer das im übertragenen Sinn tut, nimmt sich einfach das Beste. Der Käse als leckerer Belag, der die Scheibe Brot erst so richtig schmackhaft macht, sozusagen krönt, wird hier im Volksmund als Zeichen des Wohlstandes betrachtet.

„Wer hat den Käse zum Bahnhof gerollt"

Diese Frage wird gestellt, wenn man scherzhaft einen Schuldigen sucht. Der Sprachwitz des Volksmundes bezieht sich hier bildhaft auf eine vollkommen unsinnige Tat, wie eben Käse zum Bahnhof zu rollen.

„Käse schließt den Magen"

in einer Abhandlung von Plinius „Caseus de se ipso" (Der Käse über sich selbst) heißt es „Qui physicen non ignorat, haec testificantur". In einer Übersetzung von 1730 bedeutet dies: „Ist der Leib in guter Ruh, schließe ich (Käse) den magen zu." Dieser uralte Satz bildete den Anfang der langen Tradition, daß Käse an Abschluß eines gelungenen Menüs bildet – und damit auch das Schließen des Magens.

Hätten sie gewußt ...?

... was Casanova und Käse verbindet?

Bekannt geworden ist der Chevalier des Seingalt unter seinem bürgerlichen Namen Giovanni Giacomo Casanova als Verfasser seiner abenteuerlichen wie amorösen Memoiren. In den Schatten der Vergangenheit ist indes sein ausgeprägtes und kenntnisreiches Faible für Käse abgetaucht. So trug sich der bekannteste „Playboy" aller Zeiten mit dem Gedanken eine Art Käselexikon zu schreiben. Der Lebemann aus dem 18ten Jahrhundert begnügte sich dann aber damit, gute Ratschläge und Rezepte in seinen Lebenserinnerungen zu notieren.

... warum die Römer besonders gute Käsekenner waren?

Die alten Römer erkannten früh die außerordentliche Nahrhaftigkeit und Haltbarkeit von Käse. Kein Wunder, daß Käse zum festen Bestandteil der Soldatenverpflegung gehörte. Neben Waffen und der festen Überzeugung, die Welt zu erobern, trugen die Soldaten daher stets auch Käse in Ihrem Marschgepäck mit sich. Käse konnte man auf jedem römischen Markt kaufen. Von neuen Sorten, die sie auf ihren Feldzügen kennenlernten, brachte die Armee Kostproben mit in die Hauptstadt. Mit Käse gratinierte Speisen galten als eine kaiserliche Spezialität.

161 n. Chr. soll Kaiser Antonius Pius sogar am übermäßigen Genuß des von ihm so geliebten Käses gestorben sein. Käse war im römischen Reich derart begehrt, daß 301 n. Chr. unter Kaiser Diokletian Höchstpreise für Käse vorgeschrieben wurden, um den Wucher zu unterbinden. Die verfeinerte Kenntnis der Römer bei der Käseherstellung übte auch eine segensreiche Wirkung auf die eroberten Länder aus, weil dort direkter Einfluß auf die Weiterentwicklung der dortigen Käsefertigung ausgeübt wurde. Die alten Römer erhoben nämlich den Anspruch, überall, wo sie sich aufhielten, auch einen guten Käse essen zu können.

... was die alten Griechen über Käse dachten?

das ausgeprägte Gefühl der Hellenen für die Gunst und die Gewalten der Natur führte zum Glauben an den olympischen Götterkreis. Alles Besondere wurde diesem mythischen Adelsstand zugeordnet, so auch der Käse. Die alten Griechen schworen, Käse sei, wie das Feuer, eine Gabe der olympischen Götter.

... was Bräute noch bis ins 19. Jh. zu ihrer Aussteuer bekamen?

Käse war als wertvolles, delikates Nahrungsmittel allgemein so geschätzt, daß Bräute bis ins 19. Jahrhundert auf jeden Fall Käse in ihrer Aussteuer haben mußten, um sich standesgemäß verheiraten zu können.

... wie Schmelzkäse entstanden ist?

Käse reift stetig weiter. Das freut den Genießer, bereitete aber den Herstellern Ende des letzten Jahrhunderts Probleme:
Käse sollte exportiert werden, auch in Länder wärmerer Klimazonen. Besonders in den heißen Klimazonen wurde es dem Käse schnell zu warm. Die Folge war die sogenannte „Äquatorkrankheit“, die den Käse geschmacklich und strukturell stark verändert.
Man brauchte eine Käsezubereitung, durch die man den Käse problemlos konservieren und transportieren konnte. 1896 wurde in Kiel die „Schmelzkäsemethode“ als Patent angemeldet.

... daß Käse im alten Rom entscheidender Bestandteil eines Kosewortes war?

Eine Alternative zum modernen „Mein Schatz“ und „Lieber Spatz“ ist aus dem alten Rom „Meus molliculus caseus“.
Die Gespielin als „Kuschelkäschen“ zu bezeichnen, zeigt die hohe Wertschätzung und den Genußwert von Käse im alten Rom.

Bezugsquellen

Käsemach-Komplettset
(für Weich-, Schnitt- und Hartkäse)

Weichkäse-Set
(ohne Käsepresse)

Einzelangebote:
Käsetücher
Labtabletten
Käselaibformen
Käsethermometer
Dickmilchschneider
Käsepressen
Butterfässer
Räucherschränke

Fa. Selbermachen
Schubertstraße 1
75365 Calw
Fax + Tel. (07051) 5 07 20

Labtabletten auch bei:
Biokosma GmbH
78464 Konstanz 12
Tel. (07531) 8 14 40

Evtl. Reformhäuser Apotheken

Fa. Helmut Rink
Wangener Str. 18
88279 Amtzell/Allgäu

Bildnachweis:
Die Abbildungen auf den Seiten 2, 28, 38, 59 wurden von der Fotografengemeinschaft Lammel & Tschernawin, Berlin, geschaffen. Alle weiteren Abbildungen wurden vom Autor bereitgestellt.